# 短视频创富

## 起号+短视频运营+直播带货一本通

头号玩家————编著

民主与建设出版社
·北京·

© 民主与建设出版社，2025

图书在版编目（CIP）数据

短视频创富：起号＋短视频运营＋直播带货一本通 / 头号玩家编著． -- 北京：民主与建设出版社，2024.8(2025.8重印).
ISBN 978-7-5139-4709-1

Ⅰ．F713.365.2

中国国家版本馆 CIP 数据核字第 20249T8B24 号

## 短视频创富：起号＋短视频运营＋直播带货一本通
DUANSHIPIN CHUANGFU QIHAO+DUANSHIPIN YUNYING+ZHIBO DAIHUO YIBENTONG

| 编　　著 | 头号玩家 |
| --- | --- |
| 责任编辑 | 廖晓莹 |
| 装帧设计 | 尧丽设计 |
| 出版发行 | 民主与建设出版社有限责任公司 |
| 电　　话 | （010）59417749　59419778 |
| 社　　址 | 北京市朝阳区宏泰东街远洋万和南区伍号公馆4层 |
| 邮　　编 | 100102 |
| 印　　刷 | 易阳印刷河北有限公司 |
| 版　　次 | 2024 年 8 月第 1 版 |
| 印　　次 | 2025 年 8 月第 2 次印刷 |
| 开　　本 | 670mm×950mm　1/16 |
| 印　　张 | 13 |
| 字　　数 | 134 千字 |
| 书　　号 | ISBN 978-7-5139-4709-1 |
| 定　　价 | 49.80 元 |

注：如有印、装质量问题，请与出版社联系。

# 前言

在今天，刷短视频已经成为无数人日常生活中不可缺少的一部分。

2024年3月，中国互联网络信息中心发布的第53次《中国互联网络发展状况统计报告》显示，截至2023年12月，我国网民规模达10.92亿人，其中，短视频用户规模达10.53亿人，使用率高达96.4%。

我们不妨再看一组数据。Mob研究院（MobTech袤博科技，全球领先的数据智能科技平台）发布的《2023年短视频行业研究报告》指出，短视频在网络视听行业市场规模中占比40.3%，达2928.3亿元。

我们总说要开拓、占领市场。市场归根结底就是由一个个消费者组成的。那么，使用率高达96.4%的短视频用户，不正是一个空前庞大的市场吗？这也正是越来越多企业向短视频领域进军的根本原因。

短视频行业的快速增长，催生了大量新兴职业，还给很多普通人成为"网红"造就了机会。毫不夸张地说，"短视频+"已然成为5G时代最热门的营销渠道。

实体商家通过短视频，把线下生意搬到了线上，打通了新的销售渠道；"三农"博主通过短视频平台助力农产品销售，推动农村发展，带动农民致富；知名大企业通过打造专属短视频企业号，使老品牌在互联网上焕发新活力；各类主播通过直播带货或者软广告开辟副业，把流量变现为价值收益……

不仅如此，短视频还成为知识传播的一个新渠道。

2024年1月8日，清华大学新闻与传播学院智媒研究中心发布的《学无界，共此间：短视频直播与知识学习报告》指出，近九成用户曾使用短视频直播平台获取知识。公开数据显示，截至2023年11月，抖音上473万个科学实验相关视频累计时长超1629万分钟，相当于36.2万节课。诺贝尔奖得主、院士、教授、艺术家、奥运冠军等都成为受抖音用户欢迎的知识传播者。

由此可见，短视频正在全面改变我们的生活，无论是普通人还是企业，都已经被卷入"短视频+"的大潮。我们如果错过了这个风口，就会被越来越依赖短视频的广大消费者"遗忘"，从而被那些积极拥抱变化的竞争对手甩到身后。

与其坐以待毙，不如主动入局。无论是个人，还是企业，用好短视频这个工具，经营自己的品牌阵地，借助流量之东风便能实现创富。

# 目 录

## 第1章 | 从0开始打造短视频账号

选对平台，开辟自己的主战场　　　　　　　　002

找准赛道定位，赢在起跑点　　　　　　　　　007

优秀短视频运营者都懂的运营流程　　　　　　012

## 第2章 | 助推营销变革的蓝V号运营攻略

蓝V号认证：企业营销的新阵地　　　　　　　018

注册蓝V号需要注意什么　　　　　　　　　　023

吸金账号是怎样养成的　　　　　　　　　　　031

蓝V号有几种玩法　　　　　　　　　　　　　036

吸粉爆单的蓝V号营销策略　　　　　　　　　043

## 第3章 | 精准策划、生产爆款短视频内容

| | |
|---|---:|
| 盘点市场上的热门题材 | 050 |
| 如何找到爆款选题 | 055 |
| 这样起标题才有流量 | 060 |
| 没有好脚本，哪来好内容 | 066 |
| 你也能把短视频拍出高级感 | 071 |
| 层层突出效果的爆款文案 | 078 |

## 第4章 | 日常短视频运营技巧与危机处理指南

| | |
|---|---:|
| 搞懂短视频平台的算法逻辑 | 084 |
| 让用户经常搜到你的标签管理小窍门 | 088 |
| 定时更新内容，保持流量黏度 | 092 |
| 主动规避六个运营雷区 | 096 |
| 如何有效处理常见运营危机 | 101 |

## 第5章 | 吸粉引流，打造稳定增长的流量池

| | |
|---|---:|
| 搭建高效涨粉的账号矩阵 | 110 |
| 用私域流量实现长效经营 | 115 |
| 构建私域流量池的方法 | 120 |
| 粉丝社群的创建和维护 | 125 |
| 短视频的实用引流技巧 | 129 |

## 第6章 | 短视频营销的多元策略

吸睛人设，吸引目标粉丝　　　　　　　　134
企业家在线演讲视频　　　　　　　　　139
实体店的线上获客营销方法　　　　　　143
让KOC拍摄体验视频　　　　　　　　　147

## 第7章 | 站在直播风口，让品牌火爆出圈

直播带货三要素——人、货、场　　　　152
搭建品牌专属的直播间　　　　　　　　156
主播的必备素养　　　　　　　　　　　161
让直播间火爆的控场术　　　　　　　　165
把精彩瞬间做成直播切片　　　　　　　170

## 第8章 | 用数据看清流量增长迷局

通过数据让流量可视化　　　　　　　　176
获取流量的根本是视频质量　　　　　　181
根据粉丝画像实现精准定位　　　　　　186
平台投流，获取精准流量　　　　　　　190
用ROI优化流量付费　　　　　　　　　195

# 第1章
## 从0开始打造短视频账号

在数字化时代，短视频已成为信息传播、品牌推广的重要载体。无论是个人，还是企业，在使用短视频这个营销工具时，需要了解的短视频平台的运营策略，包括用户分析、互动营销等实用技巧，基本都是相通的。

那么，对于个人和企业来说，如何在这个竞争激烈的领域中脱颖而出，成功打造具有影响力的短视频号呢？本章将讲述短视频账号的打造技巧，探索短视频运营的基本逻辑。

## ▶▶ 选对平台，开辟自己的主战场

**热点案例观察：《2023年短视频行业研究报告》**

2023年，Mob研究院发布的《2023年短视频行业研究报告》显示，短视频在网络视听行业市场规模达2928.3亿元，占比40.3%；用户规模达10.12亿，占整体网民规模的94.8%。抖音、快手构成了短视频行业的第一梯队；快手极速版、抖音极速版、西瓜视频、抖音火山版构成了第二梯队；好看视频、微视、优喱视频、皮皮虾构成了第三梯队。换言之，短视频行业的第一、第二梯队几乎已经被字节系或快手系产品包揽。

短视频平台的蓬勃发展，为企业短视频营销提供了巨大的便利。我们应该选择哪个平台作为营销的主战场呢？无数企业进驻抖音、快手等平台，注册官方账号，发布短视频宣传片，但效果良莠不齐。

下面我们对常见的各大短视频平台进行简单的介绍。

1. 抖音

抖音是国内最大的短视频平台，以15～60秒的短视频为主，其特点是流行时尚文化，宣传口号是"记录美好生活"。抖音用户以一、二线城市的中等收入群体为主，其价值变现模式有广告、电商、流量分成、平台活动等。由于抖音的用户量和后端服务都有显著的优势，平台对内容的要求较高，约束规则也比较多。这个平台的竞争最为激烈。如果企业拥有较好的创作能力和运营团队，那么抖音就是首选的平台。如果企业创作能力不强，运营团队素质不佳，那么发布的内容就很容易石沉大海，难以吸引流量。

2. 快手

快手是与抖音齐名的国内短视频平台双巨头之一。几乎在抖音平台开设账号的企业或网红，都会在快手平台也开辟一个宣传阵地。快手平台的用户量比抖音平台少一些，在价值变现模式上二者大同小异。不过，快手用户定位更多是三、四线城市下沉市场，宣传口号是"拥抱每一种生活"，所以其内容更加贴近生活、接地气。博主把粉丝用户称为"家人""老铁"的风气，就是从快手发展起来的，现在已经传播到了所有的短视频平台，连抖音用户也深受"老铁文化"影响。如果你的目标用户分布在三、四线城市，那么选择快手平台比较有利。

3. 微信视频号

微信视频号是腾讯公司推出的内容记录与创作平台。与抖音、快手平台不同，微信视频号不是独立的短视频App。它依托于日活跃用户超过10亿的微信App，视频号的入口在微信发现页的朋友圈下方。微信视频号更强调"社交推荐"，即你看过的短视频会被朋友圈的朋友看到。如果朋友给你发布或点赞的短视频点赞，那么他们的朋友也会看到。

由此可见，微信视频号主要是在熟人社交圈进行逐层传播，在引流变现上跟以陌生人相互传播为主流的其他短视频平台大不相同。相较于抖音、快手平台丰富多样的内容，微信视频号对内容质量的要求较低，以微信生态圈为主要营销阵地的人可以尝试用这种方式。

### 4. 小红书

小红书平台最初以图文笔记为主，后来推出了"视频笔记"。该平台用户喜欢分享自己的个人经验和生活方式，如美妆、购物、运动、旅行、探店、美食等生活化信息。这使得小红书进化成了一个高度生活化的天然"种草"社区。比如，2023年火爆全网的"特种兵式旅游"，就是从小红书平台刮起来的风潮。

2024年1月7日，小红书发布了《2023年度旅行趋势报告》。报告显示，2023年小红书旅游笔记发布同比上涨273%，小红书"citywalk"笔记发布同步增长676%；2023年小红书用户已经"Walk"出了"200万+"千米，相当于绕地球16圈。无数小红书用户在平台上记录旅途见闻，分享自制的旅游路线和旅游攻略，从而让"特种兵式旅游"引爆全网，成为广大用户纷纷效仿的新旅行方式。

小红书平台的内容具有门槛低、大众化、生活化的特征。人人都可参与其中，分享自己的体验。和抖音、快手平台更偏好60秒以内的短视频相比，小红书平台更青睐1分钟以上、15分钟以内的视频内容。这个平台非常适合"种草"类内容的推广。

### 5. 哔哩哔哩网（B站）

哔哩哔哩网的英文名是bilibili，一般被网友简称为"B站"。B站是一个涵盖了动画、漫画、游戏、影视等多元化娱乐内容的网站，现在连非常小众的乐器教学、量子物理等内容也能在该平台上找到。毫不夸张地说，你在B站可以找到各种有趣的内容，并能以弹幕讨论的方式参与广泛的互动。

B站的用户主要集中在一、二线城市的"Z世代[①]"，堪称中国年轻人最集中的文化社区，特别是二次元文化的舞台，用户的粉丝黏性更强。B站跨年晚会更是云集了老、中、青三代各领域的优秀创作者，生产了各种奇妙的组合原创内容，广受网友的喜爱。如果你有很强的原创能力和独特的个性，而且以"Z世代"为目标用户，你就可以把B站作为主要的营销阵地。

### 6. 西瓜视频

西瓜视频和抖音都是字节跳动公司旗下的视频平台。不同的是，抖音平台主要是跟快手平台争夺短视频竖屏市场，西瓜视频平台则是在中视频横屏市场与B站较量。B站主打的是精致有趣的小众文化。西瓜视频的内容更加大众化、接地气，以三、四线城市用户居多，整体年龄段比B站用户大一些。此外，B站的用户非常热衷于互动和分享，粉丝黏性很强。而西瓜视频的用户不那么重视互动，更重视视频内容质量本身，粉丝黏性没那么强。

---

[①] Z世代又称"网生代""互联网世代""二次元世代""数媒土著"，通常指1995—2009年出生的人群。这一代人自出生以来就受到了互联网、即时通信、短信、MP3、智能手机和平板电脑等科技产物的巨大影响。

总之，短视频运营者不应该只一味地看平台火不火，用户多不多。只有根据自身需求和目标用户来选择适合自己的平台，才能更好地发挥短视频营销的威力。

## ▶▶ 找准赛道定位，赢在起跑点

> **热点案例观察：山东体育网红"拳馆老板娘"** ✕
>
> 2024年1月9日，一男子在公共女厕内偷拍，被人"一招锁喉"，扭送到派出所。这位勇敢反击的女子正是体育领域网红博主"拳馆老板娘"。拳馆老板娘本名姜玉环，是山东嗨喽体育发展有限公司经理。她曾获得过2014年全国跆拳道精英赛冠军、国家级运动健将，退役后开办格斗健身俱乐部。她注册短视频账号，发挥自身特长，拍了许多格斗健身类短视频，很快成为体育类"网红"，提升了其俱乐部在山东地区的知名度。

拳馆老板娘的走红不是偶然的。她找到了最适合自己的体育类赛道，精心打造了功夫美女老板娘的人设，经过短短几年在全网积累了超过1000万的粉丝。

一个短视频企业号要想取得这样的成就，就必须找准自己的赛道，集中资源和力量发展，最大限度地发挥自身的优势。只有方向正确，才能从众多短视频博主中脱颖而出。具体来说，除了做好上一节介绍的平台定位外,我们还要做好以下五点。

1. 内容类型定位

短视频运营者常见的误区是盲目地跟风做内容,把涨粉放在第一位。殊不知,短视频企业号不同于个人号,发布内容必须符合品牌特征、满足用户需求,才能带动业绩。一味地发布娱乐化内容,就算一时涨了粉,也很难把用户转化为消费者。

企业号的运营目的是品牌和产品推广,宣传企业文化,发布内容要与这些东西相关。当然,企业不能发硬广告,那不符合短视频用户的口味。运营者可以通过场景植入、故事分享等手法,把产品和品牌信息自然地融入短视频剧情中。用户在观看短视频内容的时候,会自然而然地接受这些信息。现在有很多短视频企业号喜欢发布导购员与顾客的趣味对话,或者是高管与员工之间的趣味互动。这些内容对用户比较有吸引力,利于打造接地气的企业形象。

总之,短视频企业号的内容不必拘泥于一格,只要能给用户带来价值,能实现企业营销目标,不违背法律法规和公序良俗,就可以去大胆创作。

2. 向标杆学习

与其摸着石头过河,不如向标杆学习。短视频运营团队在确定好平台和内容的定位后,可以在同类账号中选择几个标杆账号进行研究,这样就能迅速地搞清楚自己的努力方向和奋斗目标。我们要尽可能地寻找同类账号,可以借助一些数据分析工具去查找。

挑选标杆账号遵循三个标准:

（1）数据好：粉丝数、视频播放量、视频转发量和评论数多（找粉丝50万以上的账号）。

（2）账号发布内容很好地宣传了企业品牌、产品和文化价值观。

（3）账号的直播带货能力出色。

综合上述三个标准，选择一两个优质同类账号就够了。在找到标杆账号之后，下一步就是全面深入地分析其短视频策划题材、内容制作、运营规律、粉丝互动技巧、变现方式等情况。比如，运营团队可以挑选标杆账号中的"最热"作品，分析其评论、点赞、收藏数最多的几个爆款短视频，为自己的创作寻找灵感。寻找标杆，先模仿其成功经验，再创新自己的内容，就能在短时间内提升自己的竞争力。

3. 用户定位

所谓用户定位，通俗来讲，就是要明确短视频是拍给谁看。用户是多种多样的，因此你不可能讨所有人喜欢。对于企业号运营团队来说，短视频是拍给潜在客户（目标用户）看的。但是目标用户首先是观看短视频的普通用户。如果你的短视频吸引不了成千上万的普通用户，就更不可能吸引隐藏在广大用户中的潜在客户了。

短视频平台都非常重视做用户画像，根据用户画像的特征来掌握用户的行为特征与兴趣偏好。关于构建用户画像的方法，我们将在本书的第八章详细地介绍。无论我们的目标用户是哪个群体，都有自己感兴趣的内容。运营团队做好了用户定位，就能帮助企业精准、大面积地锁定目标用户，以短视频打动人，让目标用户愿意做出更多消费行为。

### 4. 发掘自身优势

企业号运营团队在做短视频的时候，一定要全面地分析自己的强项和弱项，务求扬长避短，最大限度地发扬企业的优势。比如，有些优秀的短视频博主只有一个几人规模的小团队，却能打造出一个流量和变现能力都很强的品牌账号。他们往往依靠的是花样百出的创意，或者某种强大的专业能力。可见，只要具备某种优势，就能形成核心竞争力。

运营团队第一步要盘点自家企业目前拥有的资源，比如，在产品、技术、文化、人才等方面，是否具备他人无法取代的优势。第二步就是通过精心打磨的短视频内容来放大这种优势。要想从同类账号中脱颖而出，企业号就要确保内容对用户具有实用价值，能解决其某些需求。此外，短视频内容越新颖、越独特，企业号就越有希望成为同赛道的头部账号。如果你的内容是用户从其他平台或账号无法获得的独家内容，那么你将成为这个领域的王者。

### 5. 精耕垂直领域

运营短视频企业号，最忌讳打一枪换一个地方，一味地跟风热点。有些运营者看到某类短视频内容大火，眼馋其热度和播放量，就开始盲目地跟风，改变自己原先的短视频内容定位。时而发"种草"推荐视频，时而发搞笑类短视频，时而发科普类短视频，后来又发其他类型的短视频。这样做出的视频，即使个个都是爆款，但会让广大用户搞不清企业号真正的定位。最终，他们只是喜欢看你的短视频，但不会买你任何产品和服务。

目标用户的生活需求往往是多样化的、零散的，但观看短视频的喜好往往会集中在一两个垂直领域。运营团队只有在这些垂直领域精耕细作，才能获得高收益、高回报。为此，企业号应该从名称和简介开始垂直化，持续输出同一类型的垂直内容（确保内容和表现形式符合企业的产品性能与品牌个性）。当然，垂直领域是一个大类，还需要进一步细分，力求避免短视频内容同质化等问题，培养企业号长久的核心竞争力。

## ▶▶ 优秀短视频运营者都懂的运营流程

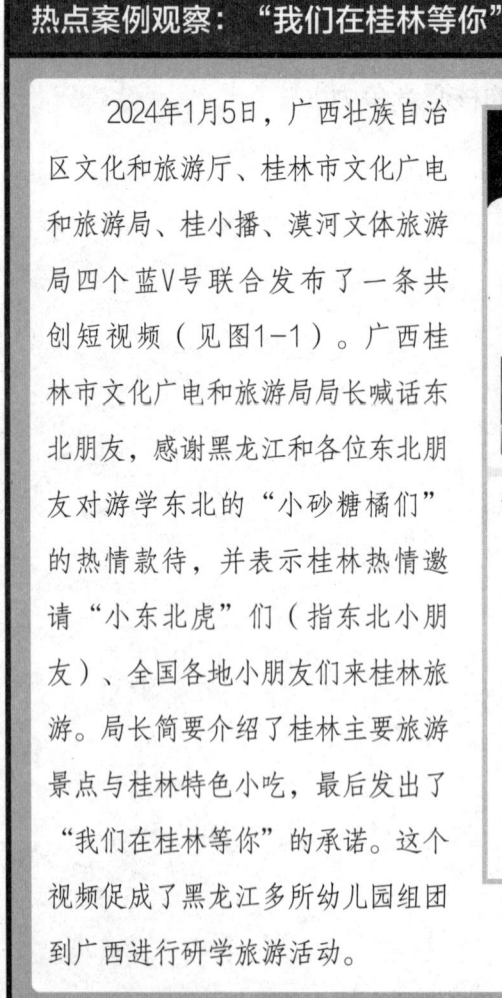

**热点案例观察:"我们在桂林等你"**

2024年1月5日,广西壮族自治区文化和旅游厅、桂林市文化广电和旅游局、桂小播、漠河文体旅游局四个蓝V号联合发布了一条共创短视频(见图1-1)。广西桂林市文化广电和旅游局局长喊话东北朋友,感谢黑龙江和各位东北朋友对游学东北的"小砂糖橘们"的热情款待,并表示桂林热情邀请"小东北虎"们(指东北小朋友)、全国各地小朋友们来桂林旅游。局长简要介绍了桂林主要旅游景点与桂林特色小吃,最后发出了"我们在桂林等你"的承诺。这个视频促成了黑龙江多所幼儿园组团到广西进行研学旅游活动。

图1-1 广西文旅、桂林文旅与漠河文旅的共创短视频

时至今日，很多企业只是跟风注册了短视频企业号，却没有真正将其视为营销、推广的利器。其具体表现，其一是将短视频运营岗位当成可有可无的边缘角色，不重视运营团队的建设，舍不得投入资源。其二是没有安排内部员工运营，完全依赖外部团队代为运营。无论哪种情况，都意味着企业没能有效地把控短视频的主导权，无法跟那些专业做短视频的"流量吞金兽"竞争。

组建一支专业运营团队，是企业做好短视频营销的前提。我们先来看看短视频的运营流程，再根据其工作内容的需要来设置岗位。

### 短视频的基本运营流程

一般人随手拍条短视频发到平台上，就算完成了一次创作。但平台上的所有爆款短视频，都是按照一定的运营流程来精心制作的。短视频的基本运营流程分为以下五个步骤。

1. 明确账号定位

关于这一点，我们在上一节已经讨论过，在此不再赘述。

2. 包装账号

这一点同开实体店的思路大同小异。实体店的店名、室内布局、装修风格，都会使消费者对品牌形成一定的印象。谁不想到一个氛围良好的购物环境去消费呢？包装账号也是如此，取一个易懂、好记的名字，选一个特色鲜明的头像，写一段用户一看就感兴趣的简介……具体的方法，我们将在下一章中详细介绍。

### 3. 生产内容

这个环节主要包含以下五个步骤。

（1）想选题：想出某一期短视频的创作主题。

（2）写脚本：根据选题要求来写拍摄短视频用的大纲脚本。

（3）拍摄：按照脚本来选择场地并指导演员完成拍摄工作。

（4）剪辑：将拍摄好的内容剪辑成短视频成片。

（5）发布：由运营人员在短视频平台上发布制作好的成片。

### 4. 运营推广

发布短视频成片并不意味着工作的结束，反而是运营推广环节的开始。有时候你精心制作的短视频可能突然一炮走红，但大多数情况下可能是不温不火的。我们当然不能坐等流量的爆发，而是要通过一定的运营推广技巧去引流"涨粉"。关于其具体的方法，我们将在第四章详细介绍。

### 5. 数据复盘

很多运营者一看到短视频播放数据不佳，就开始灰心丧气，而不去深挖数据背后隐藏的重要信息。每一个短视频运营团队，都得学会通过数据分析找到自己的不足，或者发现爆款短视频的内在逻辑。关于其具体的方法，我们将在第八章详细介绍。

## 短视频运营团队需要哪些人

根据上述流程，我们可以把短视频运营团队的日常工作重心归结为两方面：一是内容制作，二是运营推广。这两方面都需要设置相应的岗位。

由内容生产流程可知，短视频的制作是由编导、摄影师、剪辑师、演员、后期等工作人员共同完成的。

编导的任务是策划短视频内容，编写策划文案或脚本，落实拍摄场地、道具设备，指导演员按脚本完成表演，指导摄影师和剪辑师更好地加工短视频。可见编导掌控的是短视频制作的全过程。摄影师负责拍摄工作，把控构图、灯光、镜头等，把脚本想表达的内容拍摄成精美的画面。剪辑师负责将拍摄好的镜头素材剪辑成剧情流畅、主题突出的作品。演员负责按照脚本要求演绎剧情，通过台词、动作、表情等表演技巧来展现作品想传达的价值。后期工作人员负责对剪辑师剪好的短视频进行后期加工，添加文字、音效，优化画面效果，使短视频的内容表现形式更加丰富多样。

如果企业的实力雄厚、预算充足，可以按照上述岗位需求招聘对口的人才，组建5人以上的专业内容制作团队。当然，如果企业实在没有那么多预算，可以招聘一两个复合型的人才身兼数职。

除了内容制作团队之外，运营团队至少还需要一个专门的账号运营人员。千万不要以为账号运营人员只是负责发短视频，回复一下评论就完了。其职责有把短视频精准推送给目标用户；做好日常用户管理（特别是与用户互动）；做好数据复盘，给内容制作人员提供市场反馈意见；同企业各部门团队（含研发、营销、售后等职能团队）做好沟通配合工作，一起帮助企业推广品牌、促进产品的销售。

# 第2章
# 助推营销变革的蓝V号运营攻略

随着数字营销的不断演进，如何借助短视频平台的力量，通过蓝V号（企业认证的短视频账号）来助推营销变革，已经成为越来越多企业关注的焦点。

本章，我们将深入探讨蓝V号的运营策略与技巧，打造吸金蓝V号，进而助推营销变革。

## ▶▶ 蓝V号认证：企业营销的新阵地

**热点案例观察：新疆成立直播电商联盟**

新疆维吾尔自治区伊犁哈萨克自治州文旅局副局长贺娇龙被网友亲切地称为"马背上的'货'局长"。她在网上走红后一直致力于短视频平台的公益直播，展销新疆特色农副产品。据她介绍，2023年"双11"期间，新疆农产品网络销售额15.48亿元，同比增长72.1%（见图2-1）。2023年10月，新疆维吾尔自治区商务厅主办的新疆直播电商峰会，旨在聚集行业优质资源，整合新疆本地直播机构、电商人才，促进疆内外电商领域的交流融合，成立了新疆直播电商联盟，打造直播电商产业生态园。

图2-1　2023年"双11"期间新疆农产品网络营销额

有关部门越来越重视短视频直播间在营销领域的作用，各行各业的优质资源也正在渐渐地向短视频平台集中。那么，企业短视频运营团队是注册个人号（黄V）好，还是注册企业号（蓝V）好呢？尽管前面提到了拳馆老板娘个人号走红的案例，但对于企业来说，注册蓝V一般比注册黄V更有价值。这是企业做短视频营销的一个新兴阵地。

## 为什么要注册蓝V号

在抖音平台，企业号会显示蓝V标志。比如，图2-2中的"河南老君山风景名胜区"就是河南省老君山文化旅游集团有限公司的企业号，在账号名称下有个蓝底白字的蓝V标志。

用户在搜索一个企业名称时会发现，搜索栏里会弹出很多昵称相近的账号。用户该如何区分呢？用户只要看谁加了蓝V认证就一目了然。企业号通过认证后，其名称就成了平台中独一无二的专用昵称，其他账号不能用相同的名字通过蓝V认证。这就避免了受到恶意抢注企业名称等不正当竞争手段的威胁。

当企业注册蓝V号认证后，平台搜索引擎会把蓝V号的昵称置

图2-2 河南老君山风景名胜区蓝V号

顶，使其一直排在高仿号或者其他重名的账号的前面。这样就能让用户更加准确地找到你的企业号了。而且，蓝V号可以选择3个或者3个以上的优质视频置顶。运营人员可以把企业号中流量最大的几个爆款短视频置顶，更好地进行引流"涨粉"。

### 蓝V号的营销宣传界面

经过认证的蓝V号可以设置外链按钮，点击之后就能跳转到其他网页，比如商家的官网、官方电话、查看地址等。这样就可以替企业官网引流。而且蓝V号还可以获得电话呼叫的特权，用户只要点击"官方电话"，就能自动跳转到手机拨号界面。如此一来，用户只要对蓝V号发布的营销信息感兴趣，就可以利用这个功能直接与企业客服取得联系。

此外，蓝V号还有独立的商品页（见图2-3），与作品页有所区分。用户观看短视频作品后，可以点击商品页，浏览企业详细陈列展示的各类商品，然后点击链接进行消费。

上述功能要么是个人号不具备的，要么在个人号另有设计。个人号不像企业号这样便于营销宣传，

图2-3 蓝V号"商品"页展示

所以蓝V认证号是企业做短视频营销的首选。

## 蓝V号的管理功能

蓝V号中的一个利于营销的功能是客户管理权限。所谓客户管理，简单说就是吸引新客户，留住老客户，把老客户变成高忠诚度的"死忠粉"。蓝V号可以自建CRM（Customer Relationship Management，客户关系管理）功能，把销售线索转化为持续跟踪，用更省时、省力的方式管理用户。

用户的数量越多，短视频企业号就越难做到及时回复、密切沟通。如果让运营工作人员一个个地回复用户的评论或私信，他们肯定忙不过来。蓝V号可以设置多种自动回复内容。当用户私信咨询我们时，蓝V号可以自动回复用户，向用户展示企业的服务范围、联系方式和常见问题答疑等基本信息。这样既可以为运营工作人员节省大量的精力，又能选择地解答一些更加复杂的用户提问。

众所周知，随着企业号受到的关注度越来越高，一定会出现差评、恶评，甚至是收钱带节奏制造负面舆论的职业"水军"。一个负面评论会让很多不明就里的用户对企业号产生质疑，从而望而却步，甚至破口大骂。蓝V号有评论管理功能，既可以删除无中生有的恶评，也可以置顶精彩好评，让新用户第一时间看到，从而提升用户对企业号的好感度。

蓝V号还有后台客户数据管理功能，可以根据用户提供的信息来对用户进行标签化管理。你可以通过标注来区分咨询者、购物者以及打探消息的同行，借此实现精准推送消息。

此外，企业号可以通过后台管理系统来查看数据。当用户访问了你的抖音蓝V号主页时，你就能得到其年龄、性别等数据。你还可以查看每一条短视频的互动相关数据（评论数、点赞数、转发数和收藏数等），为优化短视频内容指明方向。如果你想了解自己当前的运营状况，可以到后台查看粉丝增长曲线、点赞增长曲线，以及取关人数等数据。这对改善短视频运营都是非常重要的参考依据。

最后，随着短视频用户数量的逐年增长，越来越多的人习惯从短视频平台获取信息，其中一些不擅长操作智能设备的老人，也迷上了短视频，甚至有些老人也成为了某个领域的网红博主。

总之，蓝V在短视频用户眼中代表着形形色色的官方机构。在抖音、快手等平台上注册蓝V认证号，已经成了众多商家、企业、政府机关等组织机构的共识。谁错失了这么庞大的营销宣传新阵地，谁就可能会被"互联网+"时代的网友遗忘。

## ▶▶ 注册蓝V号需要注意什么

**热点案例观察：河南濮阳东北庄野生动物园**

2023年5月4日，一个小老虎与小狗熊嬉戏、打闹的短视频在网上走红。网友顺着视频找到了河南濮阳东北庄野生动物园。由于前几年的疫情影响，动物园生意萧条，于是饲养员尝试拍摄动物园里的日常生活，发到抖音蓝V号上（见图2-4），并每天上、下午直播饲养员们同小老虎、小狗熊、小狮子的互动。这些活泼、可爱的小萌兽很快引起了网友的广泛关注。不少网友成为该动物园的会员，充值伙食费认养小萌兽，并为其取名，通过直播间监督"孩子"的成长情况。全国多个动物园也随之掀起了一波直播饲养员与小动物互动的浪潮，并涌现出一批动物网红。

图2-4 河南濮阳东北庄野生动物园蓝V号

河南濮阳东北庄野生动物园是一家民营企业。其抖音蓝V号直播间每天都有数千名在线观众，很多外地游客通过蓝V号的链接团购成人票或儿童票，动物园的生意也日见回暖、复苏。可见，只要蓝V号运营得法，传统行业的企业也能提高营销实力，实现价值闭环。

如今，进驻抖音平台的企业号、政府机构号几乎没有哪个不注册蓝V的。没有注册蓝V的账号，一般会被广大网友当成山寨账号。那么，我们在注册蓝V号时应该注意哪些问题呢？

### 名称设置不宜离谱

名称的设置对企业蓝V号非常关键，下手不要太慢。因为抖音平台不允许已经获得抖音蓝V认证的账号名称出现重名。假如你想用的企业号名称已经被其他人抢先一步注册，平台会基于先到先得的原则禁止你跟抢注者重名。如果你选择的账号名称没有被人注册过，那么你只要不触碰下面几个取名的禁忌，就能起到良好的宣传作用。

1. 名称有歧义

蓝V号名称应该是公司、品牌、产品的全称，如果用简称也必须是明白、无歧义的简称。比如，小米公司的全称是小米科技有限责任公司，官方账号简称"小米公司"是没有歧义的，如果简称"小米"就有歧义了。此外，同一家企业的分公司或具体业务部门，不能取同样的简称，最好是加上后缀以示区别。比如，小米公司在抖音平台设置的旗舰店蓝V号叫"小米官方旗舰店"。

2. 用个人化昵称代替组织名称

蓝V号不可以使用"××集团董事长""××公司总经理""××小编"之类的昵称，这些昵称可以用作个人号，但不要用于企业号。此外，系统默认的昵称、一串数字或英文字母组成的无意义昵称、引用名人名称但没有相关授权的昵称，都是无法通过抖音平台审核的。

### 3. 内涵太宽泛的名称

比如，企业号名称叫"中国教育新闻网"是可以通过认证的，叫"中国教育"就太过宽泛了，不会通过认证。还有一些用户的品牌名、产品名、商标名涉及常识性词语时，就要在这些名称后面添加App、网站、软件、官方号、官方旗舰店之类的后缀，否则也无法通过审核。

### 4. 包含广告法禁用词语

蓝V号的名称不宜包含广告禁止使用的词语，如"最""第一"等。

此外，如果蓝V号名称涉及特定内容，就需要结合认证信息及其他扩展资料进行判定。比如涉及品牌及商标的名称时，要提供商标注册证；涉及应用类的名称时，需要提供软件著作权证明；涉及网站的名称时，需要提供ICP（网站经营许可证）的图片。

## 认证材料需要备齐

企业进驻短视频平台后，平台必须确保其账号的真实性，以免让不法之徒打着企业的旗号胡作非为。比如，抖音从2018年6月1日开始打通企业认证平台，包括今日头条App、抖音短视频

App、火山小视频，只要通过一次认证，就能享受三大平台的认证标识和专属权益。

现在，我们以抖音平台蓝V认证为例来了解具体的认证流程。

抖音专门引进了第三方专业审核机构，负责审核企业账号主体资质的真实性、合法性、有效性，认证审核是收费的。

企业在平台认证蓝V号需提交的材料：

（1）营业执照彩色扫描件。

（2）申请公函加盖公章彩色扫描件。

（3）对公账户打款截图。

具体的审核要求可以查询抖音企业号帮助中心，找到"企业号认证审核规则"里的"企业号审核规则"进行查询（见图2-5）。

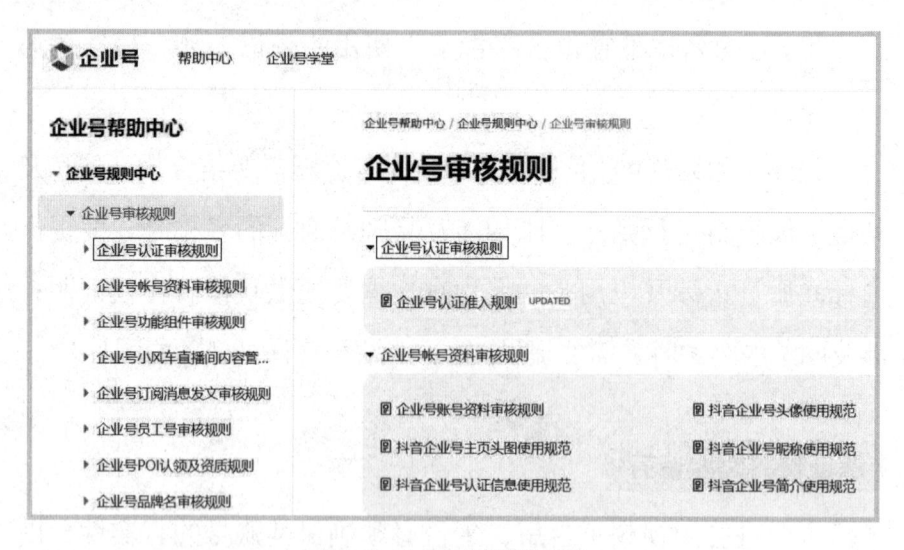

图2-5　企业号认证审核规则

但是，并非所有企业都可以通过蓝V认证。有些特殊情况是不能通过认证的，比如：

（1）营业执照的经营范围是财经、法律等类别的企业。

（2）公司资质、账号信息（名字、头像、简介）涉及医疗健康类、博彩类、互联网金融类、微商的企业。

（3）公司资质、账号信息（名字、头像、简介）涉及信托、私募、枪支弹药、管制刀具、增高产品、两性产品的企业。

（4）营业执照的经营范围涉及偏方、艾灸、艾方、临床检验、基因检测、血液检查、生殖健康（胶囊、用剂）、整容整形（如半永久、脱毛、文身、疤痕修复、烧伤修复）等内容的企业。

### 认证操作步骤

企业注册普通抖音号之后，可以通过以下步骤将普通号认证为蓝V号。

步骤一：打开抖音App，进入"我"界面（见图2-6），点击界面中右上角的"≡"图标（导航栏）[①]。

步骤二：打开右上角导航栏，点击"创作者服务中心"（见图2-7）。

---

[①] 本书介绍的相关实操流程以及截取的相关实操图，均基于当时各平台相关软件的操作界面，由于从图书创作到出版存在一定的时间差，各平台的相关软件会有更新，请读者根据本书的思路，举一反三地学习。

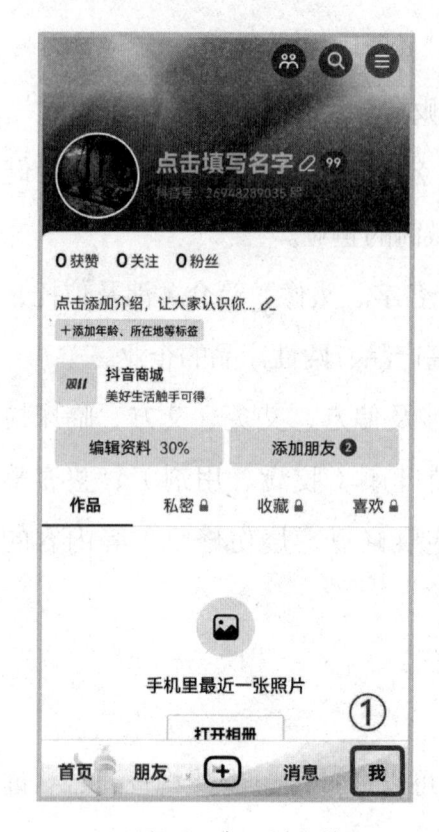

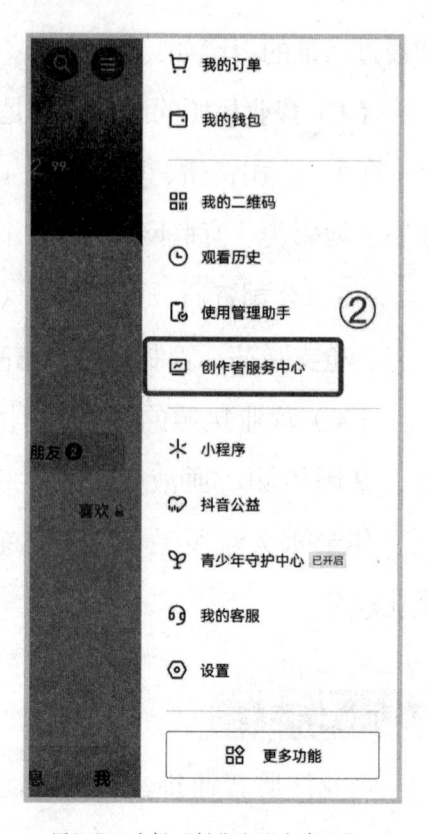

图2-6 进入"我"界面　　图2-7 选择"创作者服务中心"

步骤三：点击"官方认证"或者"企业号开通"按钮（见图2-8）。

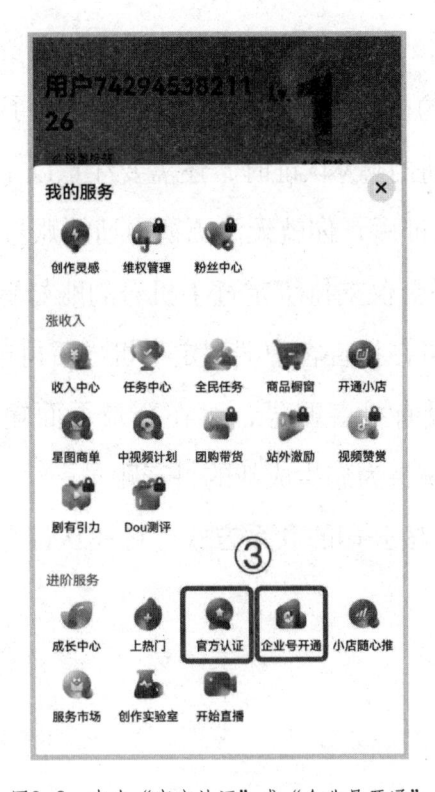

图2-8 点击"官方认证"或"企业号开通"

步骤四：进入抖音企业认证界面，点击"开启认证"，随后即可进入资料填写页面。

步骤五：企业号认证需要支付审核费用，当你填写的资料信息提交完成后，会自动跳转至支付页面，可选择支付宝或微信扫码付款。

步骤六：审核费用支付完成后，将自动跳转至认证页，账号状态将为"审核中"。

在你提交后约2个工作日内将完成资质审核，审核过程中将有第三方审核公司拨打账号运营者预留的手机号码，核实相关信息，需要按照审核公司的要求修改或补充认证资料。如果审核资质无误，企业号约在2个工作日就可以开通认证了。

在抖音平台进行蓝V认证时，还需要注意以下四点。

（1）开启认证后，你就无法更换申请的账号。

（2）抖音平台仅支持绑定过手机号的账号登录，如果账号尚未绑定手机号，可在抖音客户端绑定手机号后再申请认证。

（3）如果没有抖音账号，可在登录页面输入未注册的手机号、验证码，系统将为您生成新的抖音账号。

（4）关于审核公司的联系方式，可在认证页面的"代理商信息"处获取。

## ▶▶ 吸金账号是怎样养成的

> **热点案例观察：TVB风的中邮香港&香港邮政联合抖音号** ✕
>
> 　　中邮香港&香港邮政联合抖音号拍了一系列短视频，这些短视频大多致敬了香港影视作品中的经典情节。比如，该账号的招聘广告宣传片采用了周星驰《大话西游》里至尊宝戴上金箍的经典桥段。这种港剧风格的短视频大受欢迎，而且中国邮政香港的员工做直播时，也会打扮成各种经典老港片的角色，勾起了无数短视频用户的怀旧情结。中国邮政香港蓝V号因此被誉为"邮政TVB"。

　　在中国邮政各分支机构的账号中，中邮香港&香港邮政联合抖音号是人气比较旺的号。虽然直播间推荐的货物同其他邮政蓝V号大同小异，但中邮香港&香港邮政联合抖音号胜在营销宣传形式不拘一格、内容风趣。

　　无论是短视频内容还是直播间展示，中国邮政香港蓝V号都展示了富有香港特别行政区地域文化特色的内容。这对深受香港影视作品影响的广大用户富有吸引力，从而提高了他们对中邮香港&

香港邮政联合抖音号的关注度。

由此可见，短视频运营者想要把企业蓝V号打造成一个吸金账号，就必须从以下三个方面来打造个性鲜明的账号形象。

1. 取一个自带流量的名字

中邮香港&香港邮政联合抖音号和很多知名企业蓝V号的取名方式都比较正式。这样做的优点是一目了然，缺点是太正式。短视频用户更喜欢在平台上看到有趣的东西。如果企业号的名称取得有特点，就能自带流量。

个人号和企业号常用的取名方式有以下几种。

（1）带职业的名字。比如，推出"家的100种可能"系列短视频的账号"设计师阿爽"。

（2）带地域的名字。比如，杭州西湖风景名胜区岳庙管理处的蓝V号叫"杭州岳庙"。

（3）带数字的名字。比如，杭州文广集团新媒体官方抖音账号叫"杭州24小时"。

（4）带受众的名字。比如，受众为新手妈妈的账号"宝宝辅食宝典"。

（5）带个人称谓的名字。比如，苏州研途教育科技有限公司的蓝V号叫"张雪峰考研优质讲座"。

无论你采取哪种取名方式，都要力求账号名称是易懂、好记、好传播和方便搜索的。

易懂指的是账号名称一看就知道是做什么的。比如，"格力电器"是生产和销售家电成品的，"中国交响乐团"是演奏交响乐的乐队，"白象食品旗舰店"是售卖白象方便面的。这样的账号名称有助于用户快速地判断蓝V号能给自己提供什么价值。

太长的名字，用户是记不住的。如果企业号的名称里有生僻字，则用户也会望而生畏。有些文旅单位的蓝V号使用的是正式的机构名称。这种一眼望去很长一串的名字，看起来太过一本正经，很难给用户留下深刻的印象。所以，无数用户总是会在蓝V号评论区劝说运营团队把账号昵称改成"城市+文旅"这种好记的简称。有的蓝V号听劝，有的蓝V号依然故我，但无论怎样，用户只会用简单、易记的名称来称呼它。

好传播指的是账号名称朗朗上口，容易形成网友的口口相传。有时候，用户记不起你的蓝V号叫什么名字，就会去搜索某个相关关键词。一个好的名称应该是方便搜索的，一输入相关的关键词就能出现在搜索栏的最上方。如果用户搜索关键词弹出的都是其他与名称类似的账号，那么你的蓝V号就会在无形中错过大量用户。

需要注意的是，我们不管在哪个短视频平台设置蓝V号，最好是全网平台账户名称都能保持一致。这样利于企业维护统一的品牌形象，也方便用户记忆和搜索，不至于使用户被不同平台的不同名称弄糊涂。

2. 选择合适的头像

陌生人对账号的第一印象往往来自头像。那么，哪些头像比较吸引用户呢？

（1）品牌Logo。如果运营者是新闻媒体或各行各业的品牌方，可以选择品牌Logo作为蓝V号的头像。这样不仅直观，还能强化用户对品牌的记忆。

（2）真人照片。如果企业代表、形象代言人或者是某领域的专家经常在短视频中出镜，特别是需要突出个人品牌形象的时候，就可以考虑使用其真人的照片做头像。头像用个人形象照或者日常生活照都可以，这样比较容易拉近用户与蓝V号之间的距离。

（3）动画角色。如果你的短视频内容没有真人出镜，或者是以动画角色出镜，就可以使用动画角色来当头像。这样不但有利于保护运营者的个人隐私，而且也能使账号风格显得诙谐可爱。

（4）原创卡通形象。如果你觉得上述选择均无法满足自己的需要，可以试试用照片来制作原创卡通形象。这个形象的原型可以是真人也可以是小动物，总之要"萌"才能吸引用户。

在你选择自己中意的账号头像时，还要注意以下三点。

一是，头像要选高清图，画质差的头像会降低用户的好感度。

二是，从网上找美图作头像时，必须注意图片的版权问题，以免引起官司。

三是，头像中不要有二维码、微信号、手机号等引流信息，这会被系统严格管制。

### 3. 个性突出的简介

简介就是账号名称下方那几行小字。它的功能是让用户迅速了解账号。好的简介应该文字简洁、便于理解、价值明确。

以中邮香港·全球优选官方账号的简介为例，该简介使用港台地区习惯使用的繁体字，其内容符合上述三个标准。

传邮万里国脉所系！（这句表明了账号属于邮政系统。）

中邮香港是邮政集团境外窗口公司！（这句解释了中邮香港·全球优选同中国邮政集团的关系。）

立根香港、服务世界、为我国进出口贸易站岗！（这句传递了企业使命与价值观。）

每晚10点直播！主营进出口商贸！（这句指明了企业的业务范围和营销活动观看时间。）

通过这个例子，我们可以总结出好简介的必备元素。

（1）身份介绍，向用户简单地说明"我是谁"。

（2）划定领域，让用户知道这个账号属于什么专业领域。

（3）明确价值，写出账号能给用户提供哪些价值。

（4）引流铺垫，在不违反平台规则的前提下，留下商务对接联系方式或者注明营销活动观看时间、渠道等。

## ▶▶ 蓝V号有几种玩法

**热点案例观察:"花开富贵"土味视频**

2024年元旦后,大批东北游客应邀前往广西旅游,开启了南北大联动。全国文旅蓝V号也纷纷"整活",绞尽脑汁地推出新的宣传短视频,吸引全国用户。一时间,各地文旅各显神通,创意百出,视频制作得一个比一个精美。不料,桂林文旅突然剑走偏锋,发了一条"花开富贵"土味风格视频(见图2-9)。这个视频的特色:标题是"00后出战",内容却是使用老年人的形式,用00后的视角呈现出60后的感觉。有网友戏称,桂林文旅的营销团队不是00后,而是"1900后"。就连桂林本地的网友都抱怨,想连夜买飞机票离开桂林。谁知这则话题上热搜没多久,很多省市的文旅蓝V号相继推出了"花开富贵"风格的短视频,让网友纷纷调侃"在这里笑完别人,回头一看,自己被偷家了"。

图2-9 桂林文旅"花开富贵"风格视频

桂林文旅挑全国文旅百花争艳的时机反其道而行之，大打怀旧牌，招致全国网友调侃。因为这类"土味"风格视频往往是退休人群所爱，年轻人不爱看的。广西文旅的营销团队趁机做了一个搞笑短视频（见图2-10），对桂林文旅和跟风的南宁文旅、北海文旅、玉林文旅"连夜开展家庭教育"，使这个话题变得更加火爆。

图2-10　广西文旅与桂林文旅的联动

然而，恰恰是调侃引发了网友的广泛关注，反而使平时不温不火的桂林文旅流量节节攀升。很快有人意识到，退休人群有钱有闲，酷爱旅游拍照，开发价值很高。"花开富贵"土味短视频就是针对这个特定游客群体的精准营销，因此才会引来全国多地文旅的竞相模仿。

当然，在这个瞬息万变的时代，"一招鲜吃遍天"是行不通的。"花开富贵"的话题热度一过，各家文旅蓝V号又开始研发新风格的短视频，试图用多样化的玩法来留住口味多元化的、各个年龄段的用户。

运营团队一味地跟风，未必会次次有效果。因此，营销团队应该从最基本的短视频运营手法入手，"先学会走，再学跑，最后才能飞"。

以下是企业蓝V号最常见的几种玩法，从易到难，逐步进阶。

1. 展示产品

展示产品是企业注册蓝V号最直接的目的。毕竟，短视频营销的最终目的就是用流量带动销量。为此，很多企业喜欢在蓝V号上发布产品的广告短视频。这对于新产品的宣传是非常有必要的，也有利于用户充分了解企业的品牌与实力。

但是，一个只展示产品而缺乏其他类型的内容输出的蓝V号，在短视频营销中的竞争力是很弱的。短视频用户与逛商店购物的顾客有所不同，他们刷抖音、快手的主要目的是娱乐，其次才是顺便购物。如果你不能制作出具有吸引力的娱乐内容，用户就不会天天盯着你的蓝V号看。

2. 跟踪热点

跟踪热点是一种简单、实用、易上手的运营策略。人人都有听八卦的兴趣，而热点正是大众关注的某种八卦消息。若是短视频运营者对热点善加利用，就能用较小的成本换取可观的引流效果。比如，全国多家文旅蓝V号跟风制作"花开富贵"土味风格短视频，就是在跟踪热点，共同瓜分这一波流量。

相较于其他内容，上了热搜的内容更容易产生互动和引发关注。网民、自媒体网红和蓝V号等纷纷参与热点话题，会在短时期内形成一个滚雪球效应。共同创造流量，共同推广热点，最后共同承接流量。如果能在跟踪热点的同时，把想要推广的产品和品牌植入其中，就能起到事半功倍的效果。

### 3. 制造话题

如果说跟踪热点是本能，那么会制造话题才是本事。懂得主动制造话题的运营者，永远不缺可以利用的热点。蓝V号可以根据自己的宣传需要，以及当下网民最感兴趣的内容，推出一个话题活动，吸引广大用户积极参与其中。

在主动制造话题时，运营者还可以给话题活动配备专属的特效。专属特效有利于强化短视频内容的特色，同时也更容易激发用户再创作的积极性。

比如，2023年火爆全网的"贵州村超"，就一直在不断地制造新的话题。"贵州村超"在宣传上的最大特点是坚持"人民主体，人民主创，人民主推，人民主接"的方法论。由人民群众自由发挥创意为"村超"制造话题，并自发、自觉地做宣传推广，流量产生的效益最终回馈到贵州榕江县各行各业的群众。由此可见，只要能一直激发用户的热情，话题活动就能源源不断地持续下去。

### 4. 向网红达人借力

有些企业具有很强的产品研发能力、庞大的销售渠道，品牌影响力本身已经很强了，只是不熟悉短视频的运营。此时，直接借助网红达人的力量，是一种比较常见的做法。

网红达人本身在某个垂直领域打造出了自己的品牌，有稳定的忠实粉丝群，拍摄短视频的技巧很高，创意内容的策划也各具特色。通过跟网红达人共创短视频，可以借力引流，争取他们的部分粉丝的支持，赢得较好的口碑。

当然，向网红达人借力的办法也不是百试百灵的。企业蓝V号运营者不要只看网红达人的粉丝数，还要注意其形象是否符合企业品牌的宣传需要，并随时关注网红达人在互联网上的口碑。如果遇到了合作的网红因负面言行而"翻车"的现象，那么企业蓝V号的人气和风评也会受到牵连。

5. 邀请网友帮忙"上大分"

2024年元旦后全国文旅纷纷出招，但发布的内容被网友抱怨创意平庸、观念老旧。于是，很多网友都呼吁当地文旅单位把账号交给"00后"运营团队运营。一些擅长原创的博主纷纷制作了风格千变万化的原创视频短片，支援自己家乡的文旅蓝V号"上大分"。此举后来演变成各地文旅蓝V号邀请本地网友投稿"上大分"的潮流。

这种做法同样是灵活地运用了贵州村超"人民主体，人民主创，人民主推，人民主接"的方法论。"我为家乡上大分"不仅是一场群众性创作运动，也形成了一个全民参与的新热门话题。如果运营者实在想不出独树一帜的创意，那么不妨把机会交给广大跃跃欲试的网友，借助群众的智慧来满足群众的需求。

6. 打造账号专属人设

有些短视频团队是靠剧情（俗称"拍段子"）走红的，其看点主要是剧情内容和出镜角色。从某种程度上讲，出镜角色的人设就代表了账号的形象。企业蓝V号要想长久地留住粉丝用户，就要打造一个具有品牌特色的专属人设，由出镜人物来充当品牌的名片。

打造专属人设离不开全方位的包装。运营者要根据人设需要来包装出镜人物的衣着、打扮和外貌特征，人物的性格特征必须特点鲜明，语言和肢体语言都要有专属的风格。除了出镜人物的形象设计之外，相应的场景和道具，也能帮助用户形成对品牌的记忆点。

最后，需要强调的是，上述运营方法不是一成不变的，应该根据具体的应用场景和运营团队自身的条件来灵活地运用。正所谓："运用之妙，存乎一心。"

## ▶▶ 吸粉爆单的蓝V号营销策略

> **热点案例观察:"与辉同行"直播间带货《人民文学》杂志** ✕
>
> 2024年1月23日晚,抖音平台发起了一场别开生面的直播活动。《人民文学》杂志首次尝试以直播带货的形式出现在直播间。由《人民文学》主编施战军、作家梁晓声、蔡崇达组成的文学大咖团做客"与辉同行"直播间,与新东方董事长兼总裁俞敏洪、时任东方甄选高级合伙人董宇辉共同围绕"我的文学之路"展开深入的交流。这也是"与辉同行"直播间首次"全程只卖一份文学杂志"。

据统计,该场直播累计观看人数高达895万,同时在线人数最高达到70多万人,获得上亿次点赞。在短短2个小时的直播过程中,2024年全年的《人民文学》杂志销售火爆,共售出超过7.7万套。这份杂志在"与辉同行"蓝V号直播间的2024年全年订阅价为216元,销售额超过了1663万元,创造了杂志订阅史上的奇迹。

随着时代的发展,各大文学刊物面临着读者流失的困境。通过传统渠道订购《人民文学》杂志的人数不断下降。但这次直播带货成绩表明，短视频直播间具有巨大的吸粉、爆单能力，能帮助传统行业找到数量惊人的消费者。

企业运营蓝V号的收益上限是超乎想象的，但想要达到这个成就并不容易。运营者首先脚踏实地地掌握以下五种基本的营销方法。

### 1. 打折营销

无论是直播间的顶流带货主播，还是传统商家，都会使用打折营销的方法。在短视频平台，你经常能看到各式各样的签到赚金币、红包奖励、抽奖活动、打折优惠券、购物赚积分和团购等营销手段。每年临近春节前的"年货节"，各平台都会推出相应的折扣促销活动。这些方法都属于打折营销的范畴。

短视频营销在很大程度上是依靠价格战来竞争的，多数博主都会采取打折的营销手段。我们经常能在直播间听到带货主播说"把价格打下来"，说的就是"打折营销"的意思。不管折扣是真优惠还是精心设计的明降暗升，只要让大多数用户感到划算，就有可能实现爆单。不过，短视频电商做打折活动时要结合用户喜欢的内容，比如，中邮香港&香港邮政联合抖音号的直播特价活动，主播们都会打扮成港剧中的经典角色同观众互动。

### 2. 饥饿营销

饥饿营销也是常见的营销策略。其本质就是通过减少产品供应量，向市场传递"供不应求"的假象。比如，随处可见的限时"秒杀"活动。用户生怕错过机会，为了确保拥有想要的产品，就会马上下单。

这种策略可以在短时间内获取不少流量，同时加深用户在这段时间内对品牌的印象。不过，需要注意的是，如果营销的并非具有市场影响力的品牌的产品，就用不了这个营销策略。用户之所以愿意下单，是因为认可相关品牌。没有名气的产品无论怎样努力做饥饿营销，也是无人问津的。

### 3. 事件营销

所谓事件营销，就是把产品宣传内容同具有一定价值的新闻或事件结合在一起，搭乘热点时事的东风使自己的短视频爆火。前面提到的跟踪热点运营法，本质上就是一种事件营销。事件营销对于打造爆品十分有利。

比如前面提到的广西"小砂糖橘"到东北游学事件，意外地促进了黑龙江与广西互相赠送特产，引发了东北三省游客到广西自驾游的热潮。双方甚至签订了"交换冬天，互送游客"的合作协议。一次原本很平常的幼儿园小朋友的游学活动，意外地引爆了南北各地文旅大联动。不得不说，各方都很善于利用事件营销打开经济发展的新局面。

不过，事件营销也是有风险的，操作不当就会被视为"蹭热点""蹭流量"，反而遭到大众的嫌弃。

### 4. 口碑营销

在新媒体时代，企业很容易受到口碑的影响。一个坏口碑足以毁掉企业价值过亿的大项目、大品牌。但是，一个好口碑可能让多年劳而无功的商家突然成为热门，生意爆火。毫不夸张地说，树立好口碑是一种一本万利的营销策略。但维护好口碑本身不是一件容易的事，需要方方面面的努力，同不良现象"较真"。

企业做口碑营销之前，先来了解一下口碑的三个类型：经验性口碑、继发性口碑和意识性口碑。

经验性口碑，主要来自用户对产品或服务的使用体验。这类口碑的直观表现形式就是购物网址评论区的好评、中评和差评状况。在一般情况下，大多数用户只要没有不满意的地方，就会给商家好评。其他用户看到好评率高，就会对商家产生信任。而差评会劝退很多潜在客户，所以企业蓝V号发现差评时一定要让客服人员耐心且真诚地处理。

继发性口碑，是经验性口碑的延伸。当你在平台的经验性口碑形成了正面反馈时，就会被用户扩散出去，口口相传，形成口碑效应。企业蓝V号运营团队要爱惜继发性口碑，并围绕提高用户好感度做文章。

意识性口碑，主要是通过名人效应来实现的。这也是大企业喜欢邀请明星做品牌形象代言人的根本原因。企业蓝V号可以通过跟名人合作互动来实现吸粉、爆单的目标。

### 5. 借力营销

借力营销就是借助外部资源的力量来完成营销目标。当企业涉足自己不熟悉的领域，或者准备开辟新的市场时，单凭自己的力量很难做好营销推广。在这种情况下，寻找其他知名品牌、相关机构、商业渠道、用户群体开展合作，共同打造营销活动，是一个共享资源、互惠互利的好策略。

不过，借力营销耗费的时间、精力和财力相对较大，不宜采用广撒网的方式大力营销所有产品。运营团队要慎重地选择借力对象，把资源集中到主要合作项目的营销推广上。

# 第3章
# 精准策划、生产爆款短视频内容

如何精准策划并生产出爆款短视频内容，已成为短视频营销中不可或缺的一环。

本章将逐一剖析短视频内容的策划要点，帮助您构建清晰的内容框架。同时，本章还会分享一些实用的短视频制作技巧，来帮助短视频运营人员制作出更符合品牌特色和市场趋势的短视频，用更有影响力的短视频内容，为企业和个人营销注入新的活力。

## ▶▶ 盘点市场上的热门题材

> **热点案例观察：广西"科目三"** ✕
>
>   "科目三"的全称是"广西科目三"，意思是广西人要必备三项技能。科目一是唱山歌；科目二是嗦米粉；科目三是一段风格特殊的舞蹈。2021年，在广西某地的一场婚礼上，有人跳舞助兴。这段舞蹈包含了扭胯、崴脚、摇花手等动作，网友称其"非常魔性"，并争相模仿，后来被网友称为"科目三"。
>
>   2023年10月前后，以歌曲《一笑江湖》为配乐的"科目三"舞蹈视频引爆全国各地模仿创作高潮，玩出了许多新花样。2023年11月中下旬，海底捞员工穿制服跳"科目三"的短视频大热。"科目三"的热度还扩散到了海外，不同国家、不同民族、不同文化背景的人，甚至连国标舞世界冠军、芭蕾舞团艺术家都跳起了"科目三"。

  据不完全统计，截至2024年元旦，关于"科目三"的网络视频播放量已经超过460亿次，这个数据仍在快速增长。"科目三"

从局部传遍全球，引发了全球性的文化共鸣，堪称中国网络流行文化向国际传播的一个样本。

"科目三"火遍全球的原因众说纷纭。但海内外的短视频创作者之所以乐意模仿创作"科目三"，在很大程度上是因为他们看到了这个题材持续增长的热度。短视频运营团队要想做出爆款内容，就要保持对热门题材的敏感度。

短视频运营团队不宜做太小众的冷门题材，而应该主攻大众喜欢的热门题材。接下来提到的都是经过市场检验的热门题材。

1. **搞笑类题材**

幽默搞笑类内容不仅对大多数短视频用户具有吸引力，而且很容易产生爆款作品。不少搞笑话题短视频的播放量甚至高达数百亿、上千亿次。当代人生活节奏快、压力大，需要搞笑类题材的短视频来调整情绪，恢复心情。有些短视频创作者会专门把各种搞笑素材合成一个系列，比如，"盘点××与×××的爆笑对话"等，往往能获得很高的点击率，并为原视频作者引流。

2. **才艺展示类题材**

才艺展示类题材的范围很广，唱歌、跳舞、戏曲、杂技、摄影、绘画、书法、演奏、相声、脱口秀、配音、武术格斗、训练动物、cosplay变装等才艺表演，在短视频平台上都比较受欢迎。只要创作者在短视频中展示的才艺足够独特，具有较好的观赏性，其作品就很容易上热门。

才艺展示是短视频创作者打造个人IP的一种重要方式。此类短视频创作者的水平参差不齐，如唱歌、跳舞类，既有依靠颜值和扮相吸引用户但才艺水平一般的业余选手，又有科班出身的专业选手参与其中。具有某种才艺的企业号的运营团队通常会用这种题材来展示自己的特长。

### 3. 模仿类题材

在短视频平台上，各种模仿类内容的短视频数量繁多。有些创作者会模仿经典影视、动漫作品的装扮造型，或者以同样的造型表演某一段经典剧情。这类模仿者有的是认真地还原剧情，以模仿逼真、演技出色为卖点。有的模仿者是在原作基础上进行逆向思维和无厘头二次创作，以制造反差、标新立异为卖点。如果你的演技很好或者有不错的想象力，那么你可以试试制作模仿类题材的短视频。

### 4. 特效类题材

有一种短视频博主擅长制作特效，走的是技术流的路线。他们经常利用发散思维在一些日常素材中P图或加特效，像变魔术一样进行各种转场，呈现出酷炫的画面效果。比如，2023年一度很流行的各民族变装视频，出镜人物走过某个景点或者遇到什么事情，随后一转身就从普通服装换成了某个民族的特色服饰。特效类题材的主要看点是丰富的想象力和感官刺激强烈的画面效果，非常适合艺术审美和技术出众的短视频创作者。

### 5. 旅行打卡类题材

世界很大，每个人都想去看看。可惜大多数人有时间的时候不一定有钱，有钱的时候不一定有时间。这使得旅行打卡类题材的短视频大受欢迎。那些没有条件云游四海的人，可以通过旅行博主创作的短视频或者直播间，观看世界各地的风景和美食，感受不一样的民风民俗，心理上获得很大的满足。抖音平台非常喜欢推荐此类短视频，并为此推出了"拍照打卡地图"功能，方便广大短视频运营者一边旅行一边创作，争取产出更多的爆款。无数旅游景点或餐馆因为短视频宣传而变成了"网红景点/店铺"，客流量也随之大幅增长。

6. 知识技能指导类题材

虽然多数用户是抱着猎奇的心态刷短视频的，但随着平台的不断完善，各类知识型博主层出不穷，越来越多的人开始从短视频平台学习知识。传授技能类题材的范围很广，如生活小妙招、烹调食物、电脑操作、摄影技术、维修技能、唱歌技巧、舞蹈、考试技巧以及各类专业知识等。

以上这些技能都具有一定的实用性，有的不容易轻松掌握，有的好学、易懂。因为此类短视频内容会让一些用户觉得特别新奇，用户会收藏下来自己学习，或者转发给自己的亲戚朋友，所以此类短视频播放量通常比较高，从而涌现出不少爆款作品。

7. 文史国学类题材

短视频平台上有很多普及文史国学类知识的创作者。他们有的给大家讲述某段历史，有的输出某些国学小知识。因为当代人对传统文化的价值越来越重视，所以此类短视频很容易吸引大量用户的围观。如果短视频用户看完你的短视频之后，能够获得一些知识，那么他们自然会对你发布的短视频感兴趣。

以上就是市场上常见的热门题材。无论短视频企业号运营团队选择哪一种题材，都不要盲目地照葫芦画瓢，而要总结和思考这些题材的爆款短视频是如何成功的，抓住其中的亮点来学习和借鉴，这样才能避免把热门题材做成冷门。

## ▶▶ 如何找到爆款选题

> **热点案例观察：博主"七颗猩猩"贴对联被妈妈骂**
>
> 2024年1月21日，以拍摄大学生搞笑题材短视频出名的博主"七颗猩猩"发布了一个新作品。作品的标题是"大学生到底回家要怎么做才能让妈妈满意啊？"视频的剧情：放假回家的大学生王志猩帮妈妈贴春联，谁知妈妈气得说："再给我犟，我就叉死你。"就在网友觉得王志猩好心帮家里干活还挨骂很委屈的时候，镜头一转，春联上贴了许多搞笑表情包"龙图"（见图3-1）。
>
> 有的网友调侃道："龙年贴龙图，健康又暴富。"还有的网友抱怨说："上一秒：再怎么样也不能叉人啊。下一秒：叉轻了。"
>
> 图3-1 博主"七颗猩猩"与龙年贴"龙图"

博主"七颗猩猩"这个搞笑短视频抓住了两个具有爆款潜力的话题：一个是"大学生寒假现状"，另一个是"龙年贴龙图"。

随着春节临近，大学生纷纷离校返乡。他们在寒假日常生活中发生的趣事，是短视频平台常见的话题。博主"七颗猩猩"是做校园生活搞笑情景剧起家的，堪称垂直领域中的佼佼者，做这类内容对其来说属于轻车熟路。而"龙图"表情包本来就是许多网友喜欢玩的搞笑元素，于是便衍生出了龙年春联贴"龙图"。这两种元素的融合爆发出了强烈的喜剧效果，使"七颗猩猩"的作品成了爆款。

### 如何找到爆款选题

做出爆款选题需要一定的运气，但并非可遇不可求。根据无数优秀短视频博主的实践经验，爆款选题通常具有四个特点。

1. 能引发辩论的选题

从前几年的"豆腐脑是甜的还是咸的"到"南方人过年为什么不爱看春晚"，能引发辩论的话题层出不穷。中国地域辽阔，各个地方的地理环境、经济水平、风土人情差异都很大。因为不同地方的人有着截然不同的生活习惯，他们都会根据个人生活经验去坚持自己的观点，所以人们很难在某些话题上达成共识。带有辩论性质的选题，会引发网友的广泛争论。由于人们很难争出个标准答案，互动会越来越激烈，持续很长时间，最终就形成了爆款选题。

## 2. 能引发好奇心的选题

都说"好奇害死猫",可人类永远戒不掉好奇心。无论是在微博、微信公众号、今日头条,还是各大短视频平台,明星的私生活八卦或者名人的奇闻轶事往往都能占据头版头条。同时,各种科普"行业内幕"的知识与真假难辨的"历史揭秘",也是不缺流量的选题。

现在越来越多的人开始从短视频平台上了解五花八门的"行业冷知识",丰富自己的知识储备,从而增加聊天时的谈资。有些运营团队会推出专业的知识科普视频,使大众深入地了解平时没有接触过的特定知识。还有的短视频博主会发起一些有一定难度的趣味挑战内容。短视频用户会好奇挑战者能否挑战成功,就会纷纷关注博主,有时还会引爆流量。

## 3. 直击用户痛点的选题

用户痛点是指用户在日常的工作、学习、生活中遇到的问题。这种问题可大可小,它就像一根扎在心头的刺,一直对用户造成困扰。比如,在职场中遭遇欺凌,喜欢自拍但拍出来的照片总是很难看,希望学会怎样识别坏人,以及不懂得怎样科学养育婴幼儿等。

能够直击用户痛点的选题,要么是提供了一种可操作的解决方法或者行动指南,要么能点出痛点所在并为用户提供情绪价值。这类选题总能精准地切中用户的痛点,满足他们的需求,足以引发无数人的共鸣。一旦用户的共鸣产生了,短视频自然也就成了爆款作品。

4. 热门选题

热门选题就是在网络媒体上的热点话题或者热门现象。比如，突发性社会热点、节假日相关活动，都属于热门话题。此类话题自带流量，播放量会超出账号其他视频的基础播放量，成为爆款的潜力很大。

鉴于此，运营团队可以拍视频分析热门话题的前因后果，发表自己的观点，传递正向的社会价值观；或者基于热门话题来创作搞笑段子，传递自己的价值观。这类选题也有不错的爆款潜力。

### 如何构建自己的选题库

很多短视频创作者都会头痛一件事——下一个选题做什么？短视频创作者刚开始精心策划的作品成了爆款，可后面趁热打铁地推出几期视频后，却陷入了才思枯竭的状态。这样下去很容易出现"断更"，而"断更"意味着好不容易积累的粉丝和人气将大幅度地流失。

为此，运营团队平时就要多搜集素材，构建自己的选题库，以便在想不出内容时能找到新的方向。我们可以通过这些方法来构建选题库。

1. 多看书

短视频是一种浅阅读的信息载体，传递的多是碎片化知识。但是，那些创意十足的短视频创作者，本身往往具有比较系统的知识储备和很强的学习能力。唯有如此，才能深入浅出地把深度话题转化为浅显易懂的短视频作品。而读书恰恰是深度学习的最佳途径。如果你想构建选题库，那就去看书吧。对于专业知识类图书、文学作品以及其他类型的图书等，都要广泛涉猎，建立自己的认识体系，为输出优秀短视频内容练好"内功"。

2. 多看片

优秀的影视作品和综艺节目，凝聚了人类大量的文化艺术成果，有些具有很强的思想性，有些具有很强的娱乐性，这些都可以成为短视频创意的重要来源，比如，短视频平台的一大热门选题就是解读各种影视作品和综艺节目。平时多观看并研究这类作品和节目，提升自己的审美能力，学习好作品的创意和表达手法，有利于培养自己对爆款选题的敏锐嗅觉。

3. 多搜索

发达的社交媒体平台上每天都能产生海量的内容。尽管很多内容属于无效的垃圾信息，但也蕴藏了不少真知灼见与千奇百怪的互动。运营团队可以经常搜索某个关键词，找到同类选题，然后去评论区里浏览一下，很可能从一些网友的奇思妙想中获取创作的线索。这些线索也许就是你下一个爆款选题的源灵感。

## ▶▶ 这样起标题才有流量

> **热点案例观察：华裔学霸与无腿舞者的爱情故事**　✕
>
> 　　2022年10月28日，廖智把自己与丈夫查尔斯·王相爱的故事浓缩成一则短视频——华裔学霸与无腿舞者的爱情故事。该视频的文案是"最好的爱情不是两个完美的人相遇了，而是两个不完美的人愿意彼此相拥"。作品讲述了俩人相识、相爱的奇妙过程，同时展示了廖智夫妇的假肢康复工作室——晨星之家。

　　廖智是一个很励志的博主。她在2008年的汶川地震中被掩埋了30多个小时后获救，却不幸失去了双腿。对于一名舞者来说，这简直是毁灭性的打击。但是，廖智没有放弃，即使失去了双腿，她依然顽强地继续着自己的舞蹈生涯。她自强、自立的精神也给她的命运带来了新的转机。

　　2013年，廖智为了定制一双可以穿高跟鞋跳舞的假肢，结识了华裔学霸查尔斯·王。查尔斯·王是假肢工程师，在为廖智设计假肢的过程中，俩人相爱了，最终喜结连理，如今儿女双全，幸福美满。

"华裔学霸与无腿舞者的爱情故事"这则短视频，其实是"晨星之家"假肢康复工作室的形象宣传短片。但视频的标题没有直接宣传"晨星之家"，而是以夫妇俩的亲身经历为切入点，为用户传达了一个真实的励志爱情童话。特别是无腿舞者与假肢工程师的结合，本身就充满了戏剧性，从而使整个作品的感染力更加突出。

网上流传着一句话："标题决定了80%的流量。"这话虽然不完全准确，但有一定的道理。因为现在的用户普遍缺乏耐心，短视频的标题不够吸引人，就会被他们忽略。运营团队要想把用户的注意力吸引过来，首先要在标题上下足功夫。那么，该怎样起标题才有流量呢？

标题要与短视频的内容联系紧密，重点突出，凸显主题，让用户一看就明白短视频讲什么，继而好奇地点开视频。我们可以从以下八种标题样式中挑选合适的来用。

1. 福利型标题

"福利"二字对多数短视频用户来说是很有吸引力的。在标题中传达"观看这个视频能得到福利"的意思，会让用户忍不住想了解短视频的内容。福利型标题的表达方法分为两种，即直接表达和间接表达。

直接表达：直接在标题中写上"福利"二字。

间接表达：用"超值""优惠"等与"福利"意思相近的词语。

写这类标题的主要技巧：

（1）弄清用户最想得到哪些福利。

（2）指明优惠、折扣以及活动。

（3）福利信息要真实、可信。

### 2. 价值型标题

价值型标题突出的是用户能从短视频中得到什么价值，如"一分钟学会×××"。这类标题的吸引力丝毫不亚于福利型标题。写价值型标题的主要技巧：

（1）使用比较夸张的词汇来突出价值。

（2）一针见血地抓住用户的需求。

（3）重点突出知识技能的好学和实用。

值得提醒的是，价值型标题虽然可以有一定的夸张成分，但不要过度夸张，要有底线和原则。

### 3. 励志型标题

励志型标题一般是用第一人称的方式来讲一个励志故事。这类故事的内容通常是输出某种正向的价值观，或者总结成功的经验方法，带给用户一种备受鼓舞的感觉。励志型标题的场景格式有以下几种：

第一种："_____只用了_____，就让我_____"。比如，"妈妈只用了三个套路，就让我从学渣变学霸"。

第二种："我是如何_____的"。比如，"我是如何让一个陌生人主动请我吃饭的"。

同时，运营团队可以改编励志的名人名言作为标题，或者挑选富有感染力的词语当标题，注意结合不同的情境来调整内容即可。

4. 冲击型标题

所谓冲击型标题，就是指会对用户的视觉、思想产生冲击的标题。比如，"第一次"和"比……还重要"等话语，容易突出事物的特点，给用户带来强大的冲击感。此外，颠覆常识的标题，也能起到相同的效果。例如，"大爷：西装革履卖纸板，才能保住铁饭碗"这个标题，打破了我们对收废品大爷的刻板印象，从而引发更多关注。

5. 揭露型标题

所谓揭露型标题，就是揭露某件事、物不为人知的真相或秘密的标题。这类标题利用了人们的好奇心和八卦心理，使用户产生了猎奇心理，从而忍不住观看短视频。写这种类型的标题不难，只需把握三个要点：

（1）清楚地表达事实真相是什么。

（2）突出展示真相的重要性。

（3）运用夸张、显眼的词语，在标题中体现出冲突性和巨大的反差感。

6. 悬念型标题

悬念型标题同样是利用人的好奇心来提升用户的观看兴趣。标题中的悬念是一个诱饵，答案只有看过短视频之后才能揭晓。这样，用户就会忍不住想弄清楚到底是怎么回事。悬念型标题通常有四种写法：

（1）利用反常的现象制造悬念。

（2）利用变化的现象制造悬念。

（3）利用受众的欲望制造悬念。

（4）利用不可思议的现象制造悬念。

需要注意的是，务必确保短视频内容能给用户带来新奇感。如果只有标题制造了悬念，但内容太无趣，就会让用户乘兴而来，败兴而归，这样短视频就无法达到引流的目的了。

### 7. 借势型标题

借势型标题是指在标题上使用社会上的时事热点、新闻相关的词汇来给短视频造势，如"国庆""春运"等每年都会出现的关键词，就可以用它们来制作借势型标题。而时事热点通常拥有一大批关注者，短视频标题可以借助这些热点提高被用户搜索到的概率。写借势型标题的技巧有三个：

（1）时刻保持对时事热点的关注。

（2）懂得把握标题借势的最佳时机。

（3）将热门事件（如上了热搜的事件）作为标题内容。

需要注意的是，我们要避免用带有负面影响的热点做标题，且要在借势型标题中加入自己的想法，这样才能避免被用户指责为"蹭热点"。

### 8. 警示型标题

警示型标题通过严肃、有力的内容给人以强烈的心理暗示，从而引起大众的高度关注。这类标题会给用户留下深刻的印象，从而对某些问题或现象产生警觉。写警示型短视频标题时，需要注意以下内容。

一是，警示事物的主要特征。二是，警示事物的重要功能。三是，警示事物的核心作用。

要想写好这类标题，可以从三点入手。

（1）寻找目标用户的共同需求。

（2）提出程度适中的警示词语。

（3）强调警示问题的紧急程度。

警示型标题可以应用的场景有很多，但必须确保标题与内容相衬，绝不要草率行文，也不要刻意地危言耸听。假如运用不当，警示型标题很容易让大众产生强烈的反感情绪。

## ▶▶ 没有好脚本，哪来好内容

**热点案例观察：朱铁雄式国风变装**

朱铁雄是一个产量极低而人气很高的短视频博主。从2021年8月24日发布第一条视频，到2023年12月30日，他一共只发布了34个作品。但他的每个作品都是现象级爆款，不仅真诚地呈现感人的故事，还巧妙地传播着国画、皮影戏、中国传统武术、川剧变脸等国粹文化。这种具备文化担当和传承意义的作品，得到了央视的点名表扬和网友的好评。

朱铁雄的短视频之所以更新慢，是因为作品制作极其精良，短视频中的每一帧画面都经过精心雕琢。他的成功不但是因为特效画面很绚丽，还跟扣人心弦的故事剧情息息相关。

可见，优秀的短视频作品，大都能在最短时间内触动你的心弦，引起你的共鸣。假如朱铁雄没有一个好的故事脚本，就不可能把每一部作品都制作成情感涌动的史诗。那么，我们怎样做才能写出好的短视频脚本呢？

### 什么是脚本

脚本是拍摄视频的依据，摄影师、演员、剪辑师的一切行动都要服从于脚本。脚本可分为文学脚本和分镜头脚本。文学脚本要写出场景、台词、动作。分镜头脚本包括场景、景别、时间、画面内容、对白等内容（见表3-1），把文字转换成了可以用镜头直接表现的画面。

表3-1　分镜头脚本的内容

| 场景 | 景别 | 时间 | 画面内容 | 对白 | 备注 |
|------|------|------|----------|------|------|
|      |      |      |          |      |      |
|      |      |      |          |      |      |
|      |      |      |          |      |      |

### 常用的脚本套路

很多视频制作新手往往大脑里有故事和观点，但在制作视频时只体现了"干货"而没有趣味。这样，用户根本无法坚持看完他们的作品。我们可以借鉴以下六种常用的脚本创作模式。

1. 知识分享型脚本

短视频平台上有各种各样的知识博主，他们通过分享某类知识来赢得用户的关注。这类短视频内容通常具有一定的专业性，但又必须做到深入浅出、易学好懂。其常用脚本创作模式如表3-2所示。

表3-2 知识分享型脚本创作模式

| 脚本 | 内容 |
| --- | --- |
| 指出问题 | 说明我知道你遇到了什么问题，分析该问题的本质是什么 |
| 给出答案 | 为用户提供一种或几种解决方案（知识分享） |
| 解读答案 | 解释这个方案为什么能解决你遇到的问题 |
| 总结收尾 | 总结同类问题或现象产生的原因，呼吁用户用这个知识（方案）来解决 |

### 2. 传播观点型脚本

有些以情感导师、心理咨询师、主持人、评论员为人设的博主，通过传播自己的个人观点来获取流量。这类内容一般指向用户的某种生活烦恼或情感困惑，其常用脚本创作模式如表3-3所示。

表3-3 传播观点型脚本创作模式

| 脚本 | 内容 |
| --- | --- |
| 陈述事件 | 讲述最近发生的某件事，如热点事件、身边的案例等 |
| 表达感受 | 表达这件事让自己产生了什么样的感受 |
| 发现问题 | 分析这件事的背后存在一个什么问题或者现象 |
| 引出观点 | 说明自己认为这个问题的根源是什么 |
| 总结陈词 | 输出自己传播的知识点或者价值观 |

### 3. 短剧型脚本

情景短剧在短视频平台上非常受欢迎，如朱铁雄的国风变装视频就属于这种类型。此类作品比较容易出爆款，制作难度也相对较高。其常用脚本创作模式如表3-4所示。

表3-4 短剧型脚本创作模式

| 脚本 | 内容 |
| --- | --- |
| 开头冲突 | 在黄金3秒内突出用户的痛点,有冲击力的画面、充满悬念的台词 |
| 展开剧情 | 用两三句台词讲明白事件的主题 |
| 反转1 | 出现阻碍:主角之间产生矛盾,或者主角在将要达成目标时受阻遇险 |
| 进展 | 主角通过努力采取某种措施,克服了阻碍,展示了自己的人设特征 |
| 反转2 | 主角遇到了更大的危机,几乎陷入绝境 |
| 尾声 | 主角解决了危机,达成了自己的目标,与其他人物的关系取得进展 |

### 4. "种草"类脚本

"种草"类短视频在平台占据了相当高的比例,非常符合各类企业产品或服务的宣传需要。其常用脚本创作模式如表3-5所示。

表3-5 "种草"类脚本创作模式

| 脚本 | 内容 |
| --- | --- |
| 常见场景 | 街道、商场、乡村、学校、工地、办公室、宿舍、住宅等 |
| 产品1 | 产品1的出现和使用方法要合情合理 |
| 产品2 | 重点展示产品的实用性,不要过度强调其他功能,弱化营销色彩 |
| 产品3 | 几个产品的出现时机要恰到好处,情节衔接要自然 |

### 5. 段子类脚本

搞笑段子类短视频是平台上最常见的类型,点击率往往比较高。其常用脚本创作模式如表3-6所示。

表3-6 段子类脚本创作模式

| 脚本 | 内容 |
| --- | --- |
| 常见场景 | 平平无奇的日常对话或者日常动作 |
| 意外反转 | 通过出乎意料的回答、反应、举动,制造笑点 |
| 二次反转 | 通过意料之外的反转,制造新的笑点 |

#### 6. 生活记录类脚本

生活记录类短视频也很受欢迎,如旅游打卡等。其常用脚本创作模式如表3-7所示。

表3-7 生活记录类脚本创作模式(以旅游打卡为例)

| 脚本 | 内容 |
| --- | --- |
| 启程 | 介绍旅行目的地,展示沿途风景 |
| 景点打卡 | 特色景点打卡,叙述游玩的过程 |
| 美食打卡 | 前往餐馆→介绍特色美食→品尝美食并发表感受 |
| 中途小插曲 | 遇见什么有趣的人、好玩的事,或者遇到并克服了什么困难 |
| 尾声 | 总结本次旅途的感受,或者预告后续行程 |

## ▶▶ 你也能把短视频拍出高级感

**热点案例观察：用手机拍出古建筑氛围感大片**

2023年9月9日，摄影博主"摄影志先森上海"发布了一条摄影技巧指导视频（见图3-2）。视频的文案是"出去旅游遇到古建筑别拍这样傻傻的游客照了，几个小技巧教会你拍出氛围感大片"。该条视频在短期内获得了网友的大量关注。

图3-2 短视频博主"摄影志先森上海"的手机拍摄教学视频

很多游客都喜欢在古建筑前拍照，但不知道该怎么拍才更好看。这个短视频则抓住了用户的这个痛点，介绍了三种用手机轻松拍出古建筑氛围感大片的技巧。这些技巧简单易学，广受欢迎，因此该短视频随之成了爆款。

其实，手机拍摄技巧教学视频在平台上屡见不鲜，属于热门题材之一。因为短视频运营者只有少数人会配备价格不菲的专业摄影器材，大多是用智能手机拍摄，而且以拍竖屏视频为主。

传统的横屏视频是根据电视、电脑的长宽比例设置的。竖屏视频的长宽比例则是按照手机用户的使用习惯来设置的。虽然手机可以用自动旋转功能切换成横屏观看，但用户通常会优先使用竖屏。如何用手机把竖屏视频拍出高级感，是短视频运营者必须掌握的技能之一。

视频的画面美感是由多种因素共同构成的。我们可以从以下四个方面提升视频画面的品质。

1. 运用光线

摄影是用光的艺术，光线若运用不当，画面就会看起来死气沉沉的。根据光源位置与拍摄方向所形成角度的不同，可将摄影师常用的光线分为顺光、逆光、侧光。

顺光：也叫正面光，光线照射的方向与拍摄的方向一致。顺光的优点是没有明显的明暗反差，能比较全面地展现物体的外貌和色彩等特征，缺点是不利于表现物体的质感、立体感。

逆光：也叫背面光，光线照射的方向与拍摄方向相反。逆光可以增强画面的艺术氛围以及物体的质感，常见的剪影效果照片就是逆光拍摄。

侧光：光线照射的方向与拍摄方向呈45°左右时，是45°前侧光；光线照射的方向与拍摄方向呈90°左右时，是90°侧光。侧光兼具顺光和逆光的特点，在选择运用角度时，要注意光面与阴影的比例关系。45°前侧光符合人们日常的视觉习惯，能让画面更有层次感。90°侧光利于表现物体的立体感和质感。

摄影布光具有很强的灵活性，不同的光线能带来不同的效果，拍摄时要根据现场环境来合理地布置。

2. 取景构图

所谓取景构图，就是选择放进画面中的景物，并合理安排这些景物的关系和位置。摄影新手与高手的差距首先体现在构图技术上。我们先来学习一下最常见的基本构图方法。

（1）中心构图法：把被拍摄主体放在画面的视觉中心，利于突出主体，能让视线聚焦于被摄主体（见图3-3）。

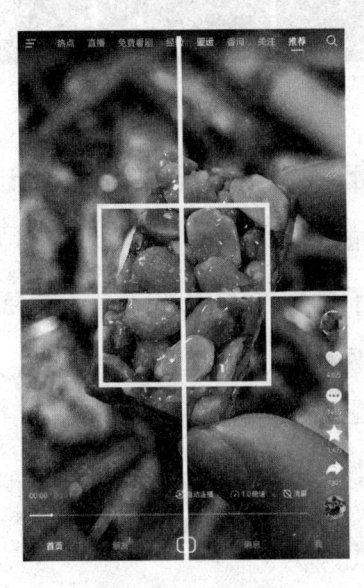

图3-3 中心构图法

（2）九宫格构图：又叫"井"字构图法。在手机拍照设置中找到"参考线"，点击打开后就能看到画面中出现了两横两竖共四条参考线，把画面等分成了9个方格，随之产生了4个交叉点（趣味点）。我们拍摄时可以把被拍摄主体放在任意趣味点上，九宫格构图法既能凸显主体，又能避免画面看起来过于呆板（见图3-4）。

图3-4 九宫格构图法

（3）框架式构图：利用框架作为前景，让被拍摄主体的影像置于框架内（如窗框、门缝、栏杆等）。这种构图方式不仅能把用户的注意力集中于框架内的主体上，还能营造出神秘氛围。如果你能把框架式构图和推、拉运镜结合起来，就能让视频的画面具有纵深感（见图3-5）。

图3-5　框架式构图法

### 3. 布景设计

视频内容题材不同,场景的布置也会有所不同。情景搭配和谐的短视频,更能让观众产生代入感。布景设计分为室内布景和室外布景两大类型。

如果是室内布景,则要求相对简单。只要能保证背景干净、整洁,看起来雅观就行了。如果没有合适的背景,运营团队还可以借助背景布来布景。背景布的尺寸可以根据室内空间定制,并根据场景需要来选择纯色背景布或者其他带有特色图案的背景布。

如果是在室外拍摄短视频,布景设计的要求就会相对复杂一些,甚至会根据剧情的需要来搭建实景。必要时还可以用装饰道具来装饰背景空间。但要注意一点,装饰道具不宜喧宾夺主,且风格要与背景搭配协调。无论拍摄什么题材的短视频，都要让布景与视频整体风格调性、内容题材相符合。

### 4. 色彩渲染

色彩对画面质感的影响巨大，可以用来刻画人物情绪，营造情节氛围，升华内容主题，提高视频的表现力和感染力。所以，短视频创作者一般都会运用色彩来渲染画面。以下是关于色彩运用技巧的三个基本常识。

（1）色彩对比。视频中的色彩是由环境色彩、主体色彩、道具色彩等共同构成的。摄影师可以利用色彩之间的对比来突出被拍摄主体，使画面更具有层次感。色彩对比包括明暗对比、冷暖对比、深浅对比等，色彩对比能让画面生动、主题鲜明。比如，2024年元旦期间在网上走红的11个广西"小砂糖橘"，统一的橘黄色幼儿园校服在白茫茫的雪地里有着强烈的对比效果，非常引人注目。

（2）色彩搭配。良好的色彩搭配不仅能够提高视频的视觉效果，还可以打造独特的视频风格。色彩的搭配包括背景色彩搭配、人物衣着色彩搭配、字体色彩搭配等。无论是哪种搭配，都要在视觉上做到和谐。假如出镜人物的服装色彩是五颜六色的，背景色彩也五花八门，就会使画面显得过于混乱，从而无法有效地突出被拍摄主体。

（3）拍摄滤镜。利用滤镜来对视频进行色彩渲染，也是一个提升视频画面质感的常用办法。比如，剪映App的"效果"中提供了很多色彩滤镜。直接用原相机拍的视频往往色彩不够鲜艳，呈现效果不佳。在拍摄时加上某种滤镜，可以让视频色彩看起来更好看。

此外，如果视频的色彩效果不佳，则可以通过后期来校正色彩，或者通过调色来烘托画面的情绪氛围。如果视频前期拍摄时曝光过度或者曝光不足，则可以利用后期来对曝光进行修正，使画面看起来自然、协调。

## ▶▶ 层层突出效果的爆款文案

**热点案例观察："东方甄选"直播的河北"小作文"**

2023年11月18日，东方甄选河北专场走进燕赵大地，主播董宇辉为河北创作的"小作文"新鲜出炉："如果用一句话来形容河北，我会说……她虽然低调内敛，却也举世无双。"

董宇辉之所以能成为顶流的带货主播，与其擅长"小作文"有很大关系。这些"小作文"都是精心打造的文案，能升华直播活动的主题。短视频的曝光量也是同理，发布的文案会在很大程度上影响作品的流量。那么，我们怎样做才能写出爆款文案呢？

一个好的短视频文案，其内容表达能直指人心，使宣传效果层层加分。短视频文案的写作同其他类型的写作有所不同，有特定的语言要求。短视频文案不仅需要文采，还需要其精准地匹配营销的要求，尽量以最简洁的文字概括产品的特征，保证广告信息的有效传播。精练的广告文案不仅能吸引目标受众的注意力，还便于他们迅速记住产品相关内容。

### 如何做到文案雅俗共赏

要想更高效率、更高质量地完成写作短视频文案的任务，除了要掌握写作技巧之外，还要学会玩转文字，使文字表达更合受众的口味。

1. 语言通俗易懂

文案并非文字单纯的排列、组合，语言不宜生涩高深，必须通俗、易懂。所谓通俗易懂，就是用户一看就明白你想展示的是什么。这是对短视频文案的基本要求。运营者写文案的时候要考虑文字是否适合媒体发布的要求，是否适合产品所在的市场，以及是否符合产品的卖点。

2. 删除无意义的内容

文案的语言要简洁、流畅，主题突出。有些运营者写文案时只顾卖弄文采，堆砌辞藻，结果导致内容冗余，主题模糊，文字说服力变弱。解决这个问题的最好办法就是直接删除无意义的内容，只保留突出主题、强调卖点的文字。这样一来，文案内容将变得更加简练，使用户能快速地把握短视频要传达的意图，不容易产生反感情绪。

3. 少用专业术语

专业术语是指特定领域和行业中，对一些特定事物的统一称谓。产品介绍离不开专业术语。很多爆款短视频都喜欢在剧情里适时插入产品说明，免不了要涉及大量专业术语。但是，短视频文案最好少用专业术语。因为大众往往看不懂专业术语，观看短视频的时候突然遇到生涩难懂的内容，就有可能滑过去。

我们要牢记一点：当代人的生活节奏快，短视频用户大多是在碎片化时间里观看娱乐性内容，因此，内容最好是不用动脑筋就能理解的。运营者要尽量选择通俗的表达方式代替专业术语。如果必须使用专业术语，就要适当地给出解读，使专业内容变得通俗化。

4. 突出重点

爆款短视频文案的主题往往是醒目的。文案的形式不必花哨，语言也不宜啰唆。有的文案甚至只有一句话，而这句话就是短视频的主题。运营者需要从产品属性、适用人群、使用场景出发，用心梳理内容，确保文案的主题突出。文案可以用较大的字号展示出来，放在短视频画面的上方，使用户第一眼就能看到。

5. 反复打磨个性化的表达

没有个性的文案是不会使用户眼前一亮的。只有形象生动、个性鲜明的表达，才能营造出鲜活的画面感，让用户能快速地接收文案传达的核心信息，并对文案介绍的产品感兴趣。每一个爆款文案最初都是从干巴巴的主题内容开始，由创作者不断地添加内容，才最终成型的。要想创作出好文案，与其寄希望于天降灵感，不如进行头脑风暴，反复打磨。

### 不可触碰的文案禁区

创作文案有四个禁忌，若你触碰了它们，则会让你的短视频文案埋没爆款作品。

### 1. 主题不明确

写文案的目的是提升短视频内容的推广效果。而每篇文案必须具备明确的主题和内容焦点，它的一字一句甚至一个标点，都要围绕该主题和焦点来展开。

如果文案偏离主题和中心，胡乱拼凑一通，就会使用户摸不着头脑，这样短视频营销的效果就会大打折扣。若能用一句话表达意思，就不要反复强调。反复强调并不能起到层层突出主题的功效。

### 2. 只讲数量不顾质量

文案的成本比其他营销方式低一些，一般也很难马上见效。所以，有的运营者喜欢在一天之内发几十个纯文案的短视频。甚至还有人把完全相同的文案隔一段时间再拿出来发。这是没有必要的，注定徒劳无功。

一个优质文案胜过无数平庸的文案。为了保证推送的频率而敷衍了事，结果往往是内容发布出来后没有多少人看。

### 3. 出现各种错误

新闻、报纸、杂志等传统媒体的审核流程相对较严格，以保证文字的正确性和逻辑性。短视频平台的审核则宽松太多，导致短视频文案常犯文字、数字、标点符号、逻辑等方面的错误。这很容易使用户觉得运营者在制作短视频文案时不够用心，从而对其的好感度瞬间降低。

### 4. 脱离市场实际

短视频文案内容往往涉及企业产品和品牌。这些产品和品牌都处于具体的市场环境中，其目标用户也是处于市场环境中的具有自身个性的消费者。不了解具体产品、市场和消费者的人写出的文案，在推广阶段往往毫无收效。所以，运营者在创作文案之前，必须进行市场调研，了解产品和消费者情况，才能写出切合实际、获得用户认可的文案。

# 第4章
# 日常短视频运营技巧
# 与危机处理指南

在日常的短视频运营过程中，无论是内容创作、用户互动还是数据分析，都需要我们掌握一系列精细化的运营技巧。同时，面对可能出现的各种挑战和危机，也需要我们有足够的准备和应对策略。

本章介绍的日常短视频运营的核心技巧，将有效帮助短视频运营者规避潜在的风险，灵活应对各种挑战，确保短视频运营顺利进行。

## ▶▶ 搞懂短视频平台的算法逻辑

**热点案例观察：最听劝的老板**

　　每年的年初原本是雨伞销售行业一年中的淡季，但是2024年年初，浙江绍兴飞恋伞厂厂长雷鹏琳意外成了"网红"。他的直播间原本只有一二十人观看，而那时，在线观众最多时有2000余人，每天新增粉丝更是多达数万。

　　飞恋伞厂蓝V号的粉丝大多是18～24岁的学生，他们会留言许下千奇百怪的买伞愿望。比如，"叔，想要一把会下雨的伞""可不可以出一把带电风扇的雨伞啊？""拜托，出一款有帘子的，下雨天不会被淋湿"……

　　雷厂长在2023年帮90位网友实现了脑洞大开的制伞愿望，在短视频中展示这些个性化的雨伞成品，结果他收获了大批年轻的顾客，被称为"人形许愿池""最听劝的老板"。他也成了"听人劝，吃饱饭"的典范。雷厂长在帮他人实现愿望的同时，也还清200多万元债务，救活了濒临倒闭的伞厂。

　　据悉，飞恋伞厂在"中国伞城"上虞只是一家小规模的工厂。旺季的时候，一个月能卖出15万把雨伞，一旦过了"双11"，订单就会断崖式下跌，一个月最多只能卖出1万把左右。在雷厂长"走红"前，飞恋伞厂曾多次面临倒闭，欠债达200多万元。雷厂长试图用短视频、直播的方式挽救伞厂，但在两三年的尝试过程中劳而无功。

然而，到了2023年，他发现年轻网友经常在"愿望池"（评论区）里许下千奇百怪的愿望，比如，"能甩出棍的伞""会变色的伞""会下雨的伞"等。有一次，有网友在评论区留言称"想要一把会发光的伞"。雷厂长看到后，决定与伞厂员工试一试。

飞恋伞厂经过不断的钻研，研发出了镭射反光伞。雷厂长用反光材料打了样，拍下视频并做了预售链接，结果那条视频成了爆款短视频。他说："没想到效果特别好，当天就卖了一万把伞，后面半个月时间总共卖了七万把。"由于贴近市场需求，飞恋伞厂在2023年创造了建厂以来最高的销量，共售出超120万把伞。

飞恋伞厂的成功来自雷厂长坚持不懈的努力，和"听人劝，吃饱饭"的服务态度。而镭射反光伞展示短视频的一炮走红，则离不开平台算法规则的推送。

很多运营者都会遇到这种情况——明明自己是按照热门题材精心制作内容的，可作品就是不温不火。同时，也有一夜成名的短视频制作者，他们也搞不清楚自己爆火的原因。归根结底，这些运营者没有搞懂平台算法规则。

### 短视频平台怎样审核内容

短视频平台采用先审后播的规则。当你发布短视频后，要经过初审和复审两个步骤。由于工作量很大，初审通常是由机器智能审核，复审则是人工审核。被判定不合规的视频会被剔除，合规的才能被平台收录，获得随机的流量分配。

也就是说，要想让你的短视频进入流量池，你首先要过内容审核这一关。在初审阶段，你要避免标题、简介、语言、字幕等存在禁止发布与传播的内容。在人工复审阶段，视频的封面图、关键画面、表演、背景等若是出现不合规的内容，就会被平台做出负向操作（包括自动设为"仅自己可见"、账号降权、删除、封禁等）。

所以，运营者一定要根据《网络视听节目内容审核通则》《互联网视听节目服务管理规定》以及平台"社区规则"来对照自己的短视频内容是否合规。

### 搞懂平台推荐机制的算法逻辑

平台每天都会收录大量的短视频。这些视频的内容质量参差不齐，所以平台推出了内容推荐机制，尽可能推荐优质内容给用户，改善用户的观看体验。虽然不同的平台推荐机制各有不同，但常见的有以下四种。

（1）根据视频发布时间顺序推荐。

（2）根据用户兴趣爱好推荐。

（3）根据社交关系推荐。

（4）根据内容过滤效果推荐。

平台收录视频后，首先会根据标签对内容进行分类，将视频推送给对相关标签感兴趣的用户，然后进入第一轮推荐。平台以第一批看到某视频的用户的反馈结果（如评论、点赞、收藏的数量，完播率、观看时长等数据）为依据来判断该视频内容的质量。互动效果好的会被判定为"优质内容"，互动效果差的会被判定为"低质内容"。低质内容会被淘汰，不再被平台推送；优质内容将被平台再次推荐给更多用户。

大多数短视频平台，都是按照"小流量→大流量"的原理来分发流量的。如果你的视频能在第一波推荐时得到良好的用户反馈，就有希望得到第二波推荐。第二波推荐的流量池更大。如果此时用户的反馈依然良好，则你的视频就会得到更多的流量分发。流量像滚雪球一样越来越多，最终就会使你的视频上热门。这就是短视频平台推荐机制的算法逻辑。

由此可见，内容质量是制造爆款的前提。此外，账号权重、内容标签等因素，也会影响推荐效果。运营者要坚持以内容为王，通过多出好作品，得到更多正面的用户反馈，就能不断地提高账号的权重，使你的短视频运营越来越红火。

## ▶▶ 让用户经常搜到你的标签管理小窍门

> **热点案例观察：大明交通守则**
>
> 2023年12月30日，成都《谭谈交通》主持人谭乔与游戏"和平精英"共创了一部3分54秒长的古风交通守则科普短片——大明交通守则。谭乔在片中打扮成明朝锦衣卫，他的合作伙伴、本地网红"二仙桥大爷"扮演骑马违反交通规则的路人。谭乔不断处罚违反交通守则的行人，讲解古代版的交通守则，剧情还融入了游戏"和平精英"的元素。

这则趣味宣传短片发出后在平台上迅速走红，其走红的原因有二：一是创意独特、制作精良；二是正确地使用标签管理为其内容引流。

标签是一种与内容相关性很强的关键词，其作用是帮助系统简化审核流程，帮助用户轻松地检索到自己感兴趣的内容。短视频的标签制定得越合理、越贴切，就越能精准地匹配平台的算法推荐逻辑，使视频内容直达目标用户群体。

我们来看看"大明交通守则"这则短视频，其封面文案："起猛了：马路上不仅跑马，还有龙！"其标签是"#和平精英龙跃长城""#和平精英""#谭乔"。评论区还出现了关于"二仙桥大爷"的搜索标签。

博主谭乔原本是一名交警，他主持的《谭谈交通》系列节目在四川地区广为人知，在互联网上小有名气。"二仙桥大爷"的梗出自《谭谈交通》的一期名为"成华道二仙桥大爷"的节目。"二仙桥大爷"因危险驾驶违反了交通规则，但他跟谭乔不在同一个频道上的对话逗乐了网友，所以后来他也成了网红。

《和平精英》是由腾讯光子工作室群自主研发、打造的反恐军事竞赛体验类型国产手游，该作品于2019年5月8日正式公测。《和平精英》全新新春主题版本"龙跃长城"于2023年12月上线。"龙跃长城"版本是《和平精英》与中国文物保护基金会、北京市文物局、腾讯公益慈善基金会共同联合打造的主题为"保护长城，加我一个"的数字文保公益合作项目。

这个共创视频打上了"#和平精英龙跃长城""#和平精英""#谭乔"的标签，评论区还有"二仙桥大爷"的标签，非常准确地描述了参与合作的各方，也很符合抖音平台的推荐算法逻辑，所以取得了良好的效果。

如果你的短视频不添加标签的话，就难以精准地引流。然而，标签也不要乱加。在添加标签方面，我们要做好以下两方面的工作。

1. 做好标签设计

运营团队在设计标签的时候，要重点关注短视频企业号入驻的领域、目标用户、核心内容和热点。以下四个元素都是标签设计的参考依据。

（1）领域信息的标签。第一个标签最好能突出内容所属的领域，如美食、"三农"、娱乐、文旅等。因为推荐系统会根据短视频企业号入驻的领域来匹配相应标签的目标用户。如果你的领域关键词标签放在前面，那么平台为你匹配的用户会更加准确，不至于"张冠李戴"。

（2）目标用户标签。在内容中添加目标用户标签，也能大幅提高系统推荐的精准度。比如，如果你的短视频内容是面向上班族的，则可以加一个"打工人"标签。如果你发的内容是美食类的，则你可以添加"吃货"标签。如果你发布的是母婴用品类的内容，则你可以添加"宝妈"标签。

（3）核心内容标签。核心内容标签可以简要地提炼短视频的核心内容，更容易被系统精准地投入标签对应的垂直领域，从而得到平台更多的推荐。反之，如果你的标签同视频的核心内容相关度较低，甚至添加毫无关联的标签，则推荐系统就有可能无法识别，从而无法使你的短视频得到平台的推荐。

况且，由于你设置的标签不当，你的短视频很可能会被平台推荐给顺着标签找内容的非目标用户群体。他们会对这种胡乱贴标签的行为感到很失望，轻则放弃观看短视频，重则向平台投诉该视频或者该账号。

（4）热点标签。热点标签就是与当下的热点事件、热点词语、热点话题相关的标签。添加热点标签是事件营销最常用的手段。因为热点事件的曝光度很高，所以添加热点标签的短视频会在短期内被平台优先推荐，大幅提升其曝光率。但是，这个做法的前提是你的短视频内容确实跟某个热点具有较强的关联性。

以抖音平台为例，点开"搜索框"就能看到"抖音热门话题""每日热搜"和"抖音热榜"等板块。运营团队可以选择其中关联性较强的热点，然后在制作视频时添加这个热点标签。互联网上的热点随时随地都会发生变化。所以，运营团队要随时关注网络动态，尽可能地抓住更多热点的营销机会。

2. 控制标签数量

在不同的平台上，可添加的标签数量是有差异的。西瓜视频的创作者可以给作品添加5个标签，而B站平台的创作者可以给作品添加10个标签。标签并非越多越好，太少时会减少平台分发的机会，太多时又会淹没重点，错过最主要的目标用户群体。运营团队发布一个短视频作品时，添加5~7个标签是最合适的。

关于标签的排序，最好是把领域信息标签放到第一位（注意只能选一个领域）；第二位是目标用户标签；第三位则建议放核心内容标签；热点标签放在最后一位（如果没有热点，则可以不添加）。当然，这只是一般经验，具体情况需要具体分析，灵活地处理。只要你的标签运用得当，目标用户就能天天搜到你。

## ▶▶ 定时更新内容，保持流量黏度

**热点案例观察：影老板的春运安全科普**

影老板本名刘影，是吉林的一名高铁工作人员。她在抖音平台发布了多个科普高铁相关知识的短视频，成了高铁行业的科普博主。姣好的容貌与相声演员一般的口才，使刘影迅速在短视频平台走红，被网友称为"影老板"。2024年1月26日，中国铁路沈阳局集团与四平市公安局联合推出了一部"动车别吸烟，开心过大年"的高铁安全知识科普短片。影老板作为铁路工作人员的代表，参与了该短片的拍摄工作。短片讲的是一个不文明游客"浩哥"想在高铁上抽烟，最终被乘务员影老板和乘警董政批评教育的小故事。

影老板的高铁科普短视频团队，总是能抓住乘客最头疼的问题，输出生动有趣的科普知识。从各种类型的车厢介绍到乘坐高铁"没上去车怎么办"，各种实用的内容应有尽有。而"四平警事"团队的董政与张浩凭借拍摄法律科普常识视频走红，每一个视频都是一个令人爆笑的小品。两个团队合作碰撞出了火花，共同创作了这部充满喜剧色彩的科普短片。

短片被平台算作四平警事、影老板、二龙湖浩哥（张浩）、董叔（董政）的共创作品。尤其是春运将至，这四个账号更新频繁，粉丝热度都很高。不同的用户都能在第一时间被引流到这个共创作品。所以，视频在短短两天就获得了很好的数据，点赞数、评论数、收藏数、转发数也非常惊人。

由此可见，保持一定的更新频率，对保持账号的粉丝流量黏度非常重要。

每个运营团队在创作初期的热情往往都比较高，可以坚持每天定期更新。如果用户反馈效果好，运营团队就容易坚持下去。但是大多数情况下，账号在运营初期很难取得好的成效，视频点击率低，粉丝增长极其缓慢。运营者开始心灰意冷，就会拖延工作，导致产出量低，更新频率不断下降。这样就会导致看短视频的用户越来越少。时间一长，账号就彻底做不起来了。

如果运营团队能保持定时更新内容，平台会愿意给出更多的推荐量，也有利于巩固粉丝流量。一般用户看几个爆款短视频就过去了，粉丝则会一直关注短视频企业号，并有可能进一步转化为企业品牌的忠实消费者。

短视频账号的更新频率通常有每天更新、每三天更新、每五天更新、每周更新。不同的运营者有不同的习惯。制作短视频需要花费很多时间去拍摄、剪辑、后期处理。有些团队的规模小，制作内容的人员少，因此很难保证每天更新。

这时候，运营团队可以采取每三天更新或者每五天更新的频率。尽管更新周期变长后，用户体验肯定不如每天更新，但是，只要保证视频内容质量过硬，坚持定期更新，就能留住很多用户。当然，等条件成熟的时候，运营团队如果能坚持每天更新，使企业号保持高活跃度，那么其宣传推广的效果会更佳。

除了更新频率之外，选择合适的更新时间点也很重要。稳定的更新时间，有利于使用户养成每天观看你账号的习惯，从而使用户的品牌忠诚度越来越高。

多数用户都是用碎片化时间来浏览短视频的。依照大多数短视频运营者总结的规律，在一个工作日内，有四个时间段是用户阅读高峰期，分别是8：00～9：00、11：00～13：00、17：00～19：00、21：00～23：00。

休息日的发布时间就没有特别的限制。由于短视频发布后需要审核，运营团队最好是能在流量较大的阅读时间段到来前发布内容。等短视频通过之后，正好进入了大量用户拿起手机看短视频的时间段。

根据经验，流量最大的发布时间点有两个：8：00～11：00和17：00～20：00。如果是8：00前发布短视频，在8：00以后通过审核出现在用户眼前，正好赶上了上班高峰期。坐公交、地铁的上班族往往就会用这段碎片时间来看短视频内容。而17：00～20：00这个时间段，恰好又处于下班高峰期，还是上班族忙碌一天最想放松的时间段，短视频阅读量自然就会比较高。

至于具体选择哪个时间点来更新，运营团队需要根据账号定位与视频内容来综合考虑。当然，发布的时间点也不要太机械。运营团队如果担心因为意外变数而不能按时更新，则可以提前编辑好要发的内容，在后台设置定时发布。

## ▶▶ 主动规避六个运营雷区

**热点案例观察：抖音发布《2023年第一季度安全治理透明度报告》**

2023年5月，抖音发布《2023年第一季度安全治理透明度报告》（以下简称《报告》）。这是抖音第五次发布季度平台安全透明度报告。《报告》显示，抖音平台治理的重点包括虚假摆拍、造谣传谣、同质化文案、伪公益等不实信息。平台在2023年第一季度共处罚2900个违规传播不实信息的账号，处置158万条视频，发送135万个警示条。同时，平台还积极配合司法机关，打击诈骗、色情导流等行为，并封禁诈骗账号98万个，配合各地公安机关打击网络黑色产业链团伙。

短视频平台不是法外之地，抖音发起安全治理风暴，是为了整顿行业不良风气，维护短视频宣传阵地的正常秩序。这对广大短视频运营者提出了更高的要求。经常有运营者发现自己发布的内容被判定为违规，直播间一不小心就收到平台的警告，甚至被系统自动封禁。

为了不让自己的短视频或直播"踩到雷区"，运营者要注意避免以下六种可能被判定违规的行为。

### 1. 暴力演绎

所谓"暴力演绎"就是在短视频中以辱骂、殴打等暴力行为演绎博取关注的剧情。这种为获取流量和关注不择手段的做法，属于严重违规行为。其具体表现有以下六种。

（1）以贬低、殴打、辱骂、虐待等方式博取关注。

（2）以重摔、怒砸、怒剪、削砍等破坏物品的方式获取关注。

（3）以夸张的表情、嘶吼的粗暴方式来介绍产品价格，使用户看着感到不舒服。

（4）以诅咒网友的语言引发纠纷，从而获取流量。

（5）用黑社会、借贷等情节来直播带货。

（6）故意制造社会矛盾来博取关注，获得巨大的流量。

运营者在制作短视频或者直播带货时，要注意避免暴力演绎，要用文明的方式来传递商品价值。

### 2. 卖惨式演绎

卖惨式演绎就是通过骗取用户同情心来出售产品，带动销量的增长。这也是常见的违规行为。其具体表现有以下三种。

（1）编造虚假的悲惨故事，故意渲染悲情，以获取用户的同情。

（2）以老人、残疾人等弱势群体角色出镜，通过夸张地展示悲惨的处境来博取用户的同情。

（3）用工厂倒闭、企业停工、公司破产等内容做卖惨式营销。

运营者不要靠刻意卖惨来博取用户同情。这是一种不诚信的行为，一旦真相被披露，很容易遭到用户的反感，从而产生负面口碑。当企业失去用户的信任时，短视频账号连同品牌都会损失惨重。

3. 炒作演绎

所谓炒作演绎，就是以违背正确的价值观或者颠覆普通用户认知的夸张演绎形式来展示商品效果。以炒作演绎售卖商品也属于违规行为，其具体表现有以下三种。

（1）为了卖货而宣扬不正当男女关系、恶劣婆媳关系等违背正确价值观的剧情。

（2）以浮夸、失真的方式表演展现凭空得到大额现金的剧情。

（3）过于夸张的剧情，比如，员工在生产商品时往里面塞入大量现金。

运营者在设计剧情时要注意不违背公序良俗、社会共识，在此基础上加入多样化的创意，以优质内容和表现力来征服用户。

4. 危险行为

所谓危险行为，就是通过做高难度、高风险、高危害性的行为来博取关注。这种做法很容易对主播造成不可预料的人身伤害，也会对用户产生一些不良影响。这种行为会被平台判定为违规，其具体表现有以下几种。

（1）暴饮暴食、食用毒活物的吃播行为。

（2）在不符合科学医疗条件的情况下，进行打针或吃药表演。

用自残的方式来博取关注，是一种对自己不负责的行为。运营者在做内容时，要时刻牢记人身安全、社会责任，遵守公序良俗，不可用危险行为来博取流量。

5. 假冒侵权

假冒侵权，毫无疑问属于违规行为，会被短视频原创者和用户举报，被平台严肃处理。其具体表现有以下四种。

（1）抄袭、搬运、盗用他人视频。

（2）直播录屏后冒充原创者。

（3）仿冒官方标签。

（4）假冒专业人士。

运营团队应该坚持原创，推陈出新，拒绝抄袭或者照搬他人的创意内容。现在，抖音平台已经加强了实名认证，粉丝几十万的大V的简介栏里会显示"已实名"，点击"已实名"图标后会显示账号注册认证人的身份证名字。除此以外，平台还采取了其他措施处理仿冒侵权。但仿冒侵权行为还是屡禁不止，这需要社会各界共同努力保护原创、打击侵权。

6. 低俗宣传

所谓低俗宣传，就是带有色情或者有软色情嫌疑的行为或演绎剧情。这也是平台重点打击的违规行为之一。其具体表现有以下三种。

（1）穿着低俗，穿着过于暴露。

（2）语言低俗，在视频或直播中说低俗不雅或挑逗话语。

（3）行为低俗，做出低俗不雅或在违法边缘的行为。

企业短视频运营团队的出镜人员要穿着得体，用合适的行为展示商品，制作健康的短视频内容，凭实力和才艺来带货。如果为了博出位而做出低俗、不雅的动作，就会违规，企业的品牌形象也会随之败坏，最终得不偿失。

最后，假如运营者遇到作品审核不通过，被平台判定为不宜展示的时候，该怎么办呢？不必担心，可以搜索"新广告法违禁词查询工具"，点击进入相关网页，输入文字后点击"查询"，这样，就能检测出具体的违禁词或短语，将全部相关内容修改完毕后再发布至平台即可。

## 如何有效处理常见运营危机

**热点案例观察："Thurman猫一杯"全网封禁事件**

"Thurman猫一杯"是一位自媒体创作者，同时在多个社交平台发布短视频内容，拥有大量粉丝。

2024年2月16日，"Thurman猫一杯"发布了一段视频，声称在法国巴黎街头，有人递给她两本寒假作业，称是在"厕所"捡到的，并隔空喊话"西场小学""一年级八班秦朗"。视频迅速引发网友关注，并冲上热搜。

视频发布后，有网友在评论区自称是"秦朗的舅舅"，并发布视频回应，称自己的姐姐并不知道此事，还到书店为外甥购买了新的寒假作业。随后，多地"西场小学"的工作人员回应称，并无叫秦朗的学生或未听说此事。舆论开始质疑该视频内容的真实性。

2024年2月21日，有关部门介入调查"秦朗巴黎丢寒假作业事件"。经过调查，杭州市公安局西湖区分局于4月12日公告，为吸粉引流，"Thurman猫一杯"与同事薛某共同策划、编造"拾到小学生秦朗丢失的作业本"系列视频脚本，并

> 网购寒假作业本进行摆拍，造成恶劣影响。公安机关依法对"Thurman猫一杯"、薛某及二人所在公司作出行政处罚。
>
> "Thurman猫一杯"在多个平台发布道歉视频，承认视频内容系编造，并表示深感愧疚和抱歉。随后，微信官方对"Thurman猫一杯"视频账号进行封号处置；抖音、微博、小红书、B站等平台也相继对其账号进行永久封禁。

运营短视频的过程注定不可能一帆风顺，谁都会遇到一些运营危机。我们来看看常见的五种运营危机以及应对办法。

### 1. 违规预警

有时候，你正在通过短视频带货，而"抖店"后台的消息中心会突然收到违规预警通知。抖音平台把违规预警分为以下两种。

（1）前置预警：平台在商家即将违规时提前发出的预警通知，提醒运营者及时做出整改，以免因为实际违规而遭到处罚。

（2）后置预警：平台在运营者实际产生了违规行为后，根据其违规程度，给出限定时间的整改机会，在没有正式处罚前对商家发出的整改预警通知。

运营者往往会因不熟悉规则而产生无心的违规行为。所以，我们在收到预警通知时，要马上进入"抖店"平台，点击进入"奖惩中心"→"体验中心"→"预警中心"，注意观察"预警开始时间"和"预警结束时间"，查看"预警状态"，以便及时整改。

平台发出预警单后会出现以下四种状态。

（1）预警中：该状态表示预警单在预警期内，可进行整改。

（2）复检中：该状态表示预警期已经结束，再进行整改会被判定为无效，请耐心等待复检结果。

（3）已违规：该状态表示运营者没有在预警期内完成整改或者整改无效。

（4）已撤销：该状态表示运营者整改成功，预警单已经撤销。

值得提醒的是，超出预警时效的整改是无效的。所以，我们要及时把"预警状态"改为"预警中"，点击预警单里的"预警详情"，根据系统提示的"预警详情"和"整改办法"进行整改即可。

2. 限流解封

那么，该如何分辨账号是否被限流呢？如果你发布的作品在24小时后依然没有达到平时的平均浏览量（新开的没粉丝的账号除外），或者收到了平台发布的"内容违规限流"通知，就是被限流了。

当账号收到违规预警后会被限流，就算账号没有实际违反平台规则，也不会产生流量。若不及时整改，还可能遭遇封号。这是每一位短视频运营新手都会经历的挫折，就连经验丰富的运营者也难免会有闪失。

基于此，我们的应对方法并不复杂。

第一招，先检查短视频里是否出现了触及平台底线的违规敏感内容，有没有过于直白的广告、营销信息。根据平台的违规限流通知，反复排查其中的隐藏问题，然后整改或者删除违规视频。

第二招，检查自己是否有违规操作。平台不允许出现大量"刷赞""买粉"、直接搬运他人作品等违规行为。运营者不要为了一时流量而铤而走险。

第三招，保持账号内容的垂直度。平台会根据你发布的内容给你打上某种标签，然后再按照标签来推荐用户。假如你发布的内容没有固定的标签，没有形成一个相对集中的垂直领域，那么平台的算法机制就没法做精准推荐。这样一来，不但被推荐的用户不想看你的短视频，而且你也得不到太好的运营数据。所以，我们做短视频的时候一定要定位明确，围绕定位做内容。

3. 被抄袭维权

谁也不喜欢自己辛辛苦苦制作出来的视频被人抄袭。无论哪个短视频平台，都会打击抄袭、搬运等侵权行为。我们可以利用平台提供的投诉举报抄袭行为的入口，来维护自己的权益。

比如，当你刷到一条视频，发现博主盗用了你的原创视频时，你就可以在短视频观看界面点击"分享视频"图标，选择"举报"，手机就会直接跳转到视频举报页面。接下来，你找到证明材料提交入口，在"侵犯权益"中选择侵犯的具体权益。比如，你的原创作品被抄袭，就选择"著作权（本人作品被盗用）"，然后上传权属证明材料就行了。

有时候，你可能会发现有个高仿账号批量盗用你的内容，冒充你来吸引粉丝。以抖音平台为例，你可以进入该账号主页，点击右上角的"…",选择"举报"。然后同样找到证明材料提交入口,选择"用户举报"→"冒充他人",并提供证明材料即可。

如果账号的粉丝超过了一万,就会得到抖音平台联合12426版权检测中心和北京版权检测中心联合打造的版权保护和维权平台开放的权限。

我们先找到抖音App个人主页右上角的"≡"图标,选择进入"创作者服务中心",找到"维权管理",点击"加入创作者联盟",加入抖音原创者联盟计划后,平台将提供覆盖全网20个主流短视频平台的侵权线索检测,并快速地投诉侵权内容。

上述三种方法都是在抖音平台内部处理被抄袭侵权问题。如果你无法解决被侵权问题,就需要运营者保留视频截图、链接、发布日期等证据材料,请专业律师走法律途径解决。

4. 侵权风险

我们在制作视频时往往要搜集大量素材。在此过程中,一不小心就可能侵权,遭到他人的投诉。短视频侵权主要包含以下两方面。

(1)著作权侵权:把他人作品直接搬运到自己账号上牟利,构成了侵权;没有经过授权就剪辑、改编、二次创作他人作品,比如未经授权就使用他人短视频作品中的付费字体、图片、版权音乐等,构成了部分侵权。

(2)人格权侵权:根据《中华人民共和国民法典》相关规定,人格权涉及肖像权、名誉权、隐私权及个人信息。运营者未经他人允许就在短视频中使用他人形象、暴露他人隐私,就可能触犯人格权。

在遭遇他人投诉侵权时，运营者要先及时地跟相关人员进行沟通，了解对方的诉求，掌握全面而真实的信息，然后判断是否构成侵权。如果存在可申辩的事由，运营者则可以临时隐藏视频，等申辩成功后再公开发布。运营者如果确认自己的视频已经构成了侵权，则要及时删除视频，减轻视频给被侵权人带来的损失。至于是否公开道歉，则需要综合考虑各种因素，听取专业公关专家的意见再做定夺。

5. "黑粉"攻击

无论做哪个领域的内容，你都会遇到一些在评论区恶意攻击你的"黑粉"。很多运营者苦于应对"黑粉"，搞得自己"心态崩了"。

"黑粉"要么是为了发泄不良情绪的人，要么是专门扰乱舆论环境的职业"水军"。我们应该放平心态，冷处理，无视它们，不要被那些负面评论支配。

当然，有些"黑粉"造谣传谣、煽风点火，甚至长期骚扰辱骂短视频运营者。你可以长按"黑粉"的评论，在弹出操作界面后点击"举报"按钮，再选择对应的举报类型（如"谩骂、人身攻击、网暴他人"），让平台去处理恶意评论。

你还可以进入"黑粉"的账号主页，点击右上角的"…"，直接拉黑对方，使他无法看见你发布的任何内容（见图4-1）。

图4-1 拉黑"黑粉"操作

当然，运营者要是有很好的辩论口才，可以试试用幽默、风趣的方式回复"黑粉"。那些吃瓜看戏的路人用户看到你机智善辩，反而会觉得你很有才华和魅力，被你"圈粉"。这样一来，你就能收获一批具有较高好感度和忠诚度的粉丝。

# 第5章
# 吸粉引流，打造稳定增长的流量池

流量是短视频账号发展壮大的基石。无论是初建账号还是成熟账号，都希望通过有效的方式吸引更多的潜在用户，构建并扩大自己的流量池。

在本章中，我们将深入探讨吸粉引流的精髓和技巧，通过精准的策略和有效的执行，有效引导流量，来为短视频账号打造一个稳定且不断增长的流量池。

## ▶▶ 搭建高效涨粉的账号矩阵

**热点案例观察：樊登的短视频账号矩阵**

经常浏览短视频平台的用户可能会发现，搜索一个主播或品牌，结果会出现多个账号，这些账号的名称十分相似，一眼就可以看出它们之间的联系。这就是账号矩阵。以樊登为例，在抖音搜索"樊登"，会出现"樊登""樊登读书""樊登读书官方旗舰店""樊登读书育儿"等账号。

樊登读书成立于2013年，之后迅速在互联网上引起热潮，吸引了大批粉丝，于是樊登在两年后推出了樊登读书App，主要通过短视频和音频两种模式，向用户传播内容。抖音、快手等App火爆之后，樊登也从中看到了机会，于是迅速进驻。

起初，樊登的抖音账号只是做一些书单推荐，但是这种模式几乎没有门槛，导致竞争者太多，迟迟看不到效果。后来，樊登团队改变了运营模式，他们决定围绕"生活中常见内容的新解释"去做，并且将IP授权给其他运营人员，孵化了几百个账号矩阵。这些得到授权的运营人员，也做出了很多爆款视频，和樊登读书共同分享了利润。据统计，只用了一年时间，樊登的账号矩阵就获得了超1亿粉丝，会员人数成功超过1000万，虽然其中有很多粉丝是重复关注的，但也说明了樊登账号矩阵的覆盖面之广。

### 账号矩阵的四个好处

经营短视频账号并不容易，并且做账号矩阵要付出更多努力，那么为什么人们还努力去做呢？这是因为账号矩阵带来的好处是很明显的。

1. 让收益倍增

企业如果已经有了成功运营短视频账号的经验，又有足够的预算，那么不妨尝试一下账号矩阵，把之前的经验移植到其他账号上，实现收益的倍增。试想一下，如果一个企业号能够带来的收益是1，那么有10个这样的账号呢？当然，其他账号的收益，通常是比不上主账号的，不过它带来的收益也是很可观的。

2. 增加视频传播力度

做账号矩阵，就是为了让视频被更多的人看见，也可以让拍摄的内容被人们多次看见，形成"洗脑式"营销。当用户刷到企业主账号的视频以后，如果接下来又刷到矩阵里的其他账号，就会加深印象。

3. 降低账号风险

违规、限流，对于短视频创作者来说，始终是不容小视的风险，很多时候防不胜防。做账号矩阵的其中一个目的，就是减少违规、限流给企业带来的影响，正所谓："不要把鸡蛋放到同一个篮子里。"

### 4. 细分用户人群

用户群体划分是运营中的关键策略之一。用户的需求、爱好是多元化的，对其进行细分，可以更好地满足他们的需求。每一个矩阵中的账号，都可以从特定领域去做，账号的垂直度越高，账号矩阵的价值越高。

## 账号矩阵的两种模式

短视频账号矩阵，就是指企业或个人开设多个账号，或者授权给他人开设账号，以此来扩大品牌影响力和覆盖范围的一种营销策略。这些账号之间可以相互引流，更重要的是每个账号都可以专攻一个类目，从而实现流量的精准化。

从模式上来说，短视频账号矩阵可以分为两种：横向矩阵和纵向矩阵（见图5-1）。

横向矩阵是指在多个短视频平台上，如视频号、抖音、快手、小红书、微博、今日头条、知乎等，同时开设账号。这些平台的定位不同，因此使用人群也存在差别，同时注册账号可以尽可能地从全网吸引用户。

纵向矩阵是指在一个平台上建立多个账号，这些账号的定位和用途都不一样，如企业官方号、企业高管的个人账号、员工账号、KOL（Key Opinion Leader，关键意见领袖）账号等。

```
                    ┌── 微视频
                    ├── 抖音
                    ├── 快手
            ┌ 横向矩阵 ┼── 小红书
            │       ├── 微博
            │       ├── 今日头条
短视频账号矩阵 ┤       └── 知乎
            │       ┌── 企业官方号
            └ 纵向矩阵 ├── 高管个人号
                    ├── 员工账号
                    └── KOL 账号
```

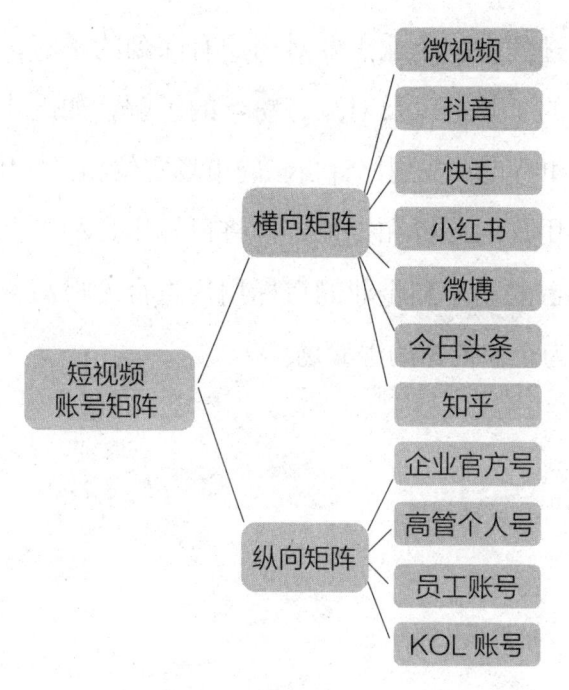

图5-1 短视频账号矩阵

每个账号都应该有独特的形象和定位，以便给用户留下不同的印象，这样用户才会觉得眼前和他们交流的是活生生的人，而非企业定制的机器人账号。

## 账号矩阵的运营规划

建立账号矩阵之后，企业该如何分配资源呢？是否应该平均分配资源呢？这显然是不现实的，企业的资源是有限的，平均分配资源，容易导致每个账号的资源都不足的情况发生。因此，企业最常见的选择是把主要精力和资源放在少数几个主要账号上，选择1～2个平台和账号进行精细化运营，努力做成大号，再以少量资源投入在其他账号上。

在这个过程中，企业需要对用户有深刻的了解，包括对短视频平台用户的了解，以及对账号粉丝的了解，如此才能结合自身的品牌优势和特点，找到符合自己的市场定位和目标用户。

通过对用户的分析和定位，再将目标用户和平台进行对比，看看哪些平台的用户和企业的目标用户重合度最高，那么这个平台就可以成为企业营销的主战场。

## ▶▶ 用私域流量实现长效经营

**热点案例观察：一家生鲜企业的私域流量**

"钱大妈"是一家生鲜企业，成立于2012年，它以"不卖隔夜肉"作为企业理念，在社区生鲜行业迅猛发展的行业背景下，迅速成长为行业内私域流量的标杆企业。这家生鲜企业只用了10年时间就开出3300家门店，而且旗下的每一家社区生鲜门店生意都做得非常火爆。通过对"钱大妈"的运营模式进行分析，可以发现他们的成功之道。除了供应链做得好、门店商品零库存以外，还离不开对门店社群营销的经营。

"钱大妈"是社区生鲜便利店，2018年7月开始进入电商渠道，他们在有赞上开通了微信店铺的小程序，并且建立了电子会员卡。后来，"钱大妈"又开通了微信公众号和微信群，并且经常在群里发送优惠券，通过这个方法很快吸引了一大批用户。

最开始做私域流量的时候，"钱大妈"就重点宣传"不卖隔夜肉"的理念。不得不说，这个口号有着非常强大的影响力，因为品质就是企业的生命。网红超市"胖东来"的火爆，其中一个很重要的原因就是人们相信"胖东来"的品质有保障。"钱大妈"也深谙这个道理。

为了杜绝隔夜肉,"钱大妈"除了严格管控门店及供应链以外,还推出了一个策略:从19点开始打折,每隔半个小时降低一折,时间越晚折扣越大;到了23点,几乎就是免费送了。这个策略并不是"钱大妈"首创的,但是在生鲜领域,很少有企业这样做。因此当用户看到这个消息以后,抱着试试的心态,在门店里获得了良好的购物体验后,便会积极转发给自己的亲朋好友,由此形成了裂变式营销。

## 公域流量和私域流量

很多人听过公域流量和私域流量,但不知道其中的含义,更不知道如何去做。因此我们首先需要了解一下,公域流量和私域流量是什么。

1. 公域流量

公域流量是指通过第三方平台或渠道获得的流量,这些平台包括搜索引擎(如百度、谷歌)、社交媒体(如微博、抖音)、新闻网站等。这些平台具有大量的用户群体和访问量,可以为企业带来大量的潜在客户和曝光机会。

通常,公域流量有以下几个特点。

(1)广泛性和多样性:公域流量来源广泛,覆盖多种渠道和平台,可以接触到大量的潜在客户。

(2)易于获取:企业可以通过投放广告、搜索引擎优化

（SEO）、内容营销等手段来吸引公域流量。

（3）竞争激烈：由于公域流量是公共资源，因此竞争激烈，需要投入大量资源才能获得显著效果。

（4）难以掌控：企业无法完全掌控公域流量，因为用户行为受到平台规则、算法等因素的影响。

2. 私域流量

私域流量是指企业自己拥有和掌控的流量，这些流量主要来源于企业自己的品牌网站、官方社交媒体账号、App、小程序等渠道。私域流量是企业与用户之间建立的私人化、个性化的连接所获得的流量。

通常，私域流量有以下几个特点。

（1）精准性和稳定性：私域流量是企业自己积累的用户资源，因此更加精准和稳定。企业可以根据用户的行为和偏好进行精准营销。

（2）可控性强：企业可以自由地运营和管理私域流量，不受第三方平台的限制和干扰。

（3）价值高：私域流量中的用户已经对企业和品牌有了一定的认知和信任，因此更容易转化为实际购买行为。

（4）互动性强：企业可以通过私域流量与用户建立更深入的互动和关系，提供个性化的服务和内容。

### 做私域流量的三个理由

公域流量依托于平台，流量非常庞大，可以覆盖大量的潜在用户，提供较高的曝光度和知名度；私域流量主要以公众号、粉丝群等媒介为载体，其流量比不上公域流量。然而，为什么企业依然需要经营私域流量呢？

1. 从成本考虑

尽管公域流量非常庞大，然而企业想要从平台上获得流量，免不了要付费。通常，平台在发展初期，为了吸引商家和消费者，流量的费用比较低，但是等平台发展成熟，流量的费用也会随之上涨。

另外，平台对于流量的分配是竞价式的，价高者得。再加上公域流量平台的开放性，各个企业都可以争夺同一份流量资源，竞争激烈，这就意味着企业购买流量的费用会越来越高。企业建立私域流量，就是为了将那些忠诚度较高的客户筛选出来，直接和他们对话，省去了中间环节，能够节省很多成本。

2. 从持续性考虑

企业付费之后，平台会为企业制订一个流量投放计划，把企业制作的短视频投放给潜在消费者，然而通过这种方式获得的流量一般是一次性的，若想再次投放，就需要重新计费。而且平台很难把短视频精确地推送到目标用户，流量转化的效果不容易控制。私域流量的规模虽然较小，但是更容易转化为订单，而且持续性更高，以后再邀请用户参加活动时，会更容易一些。

3. 从隐私性考虑

很多时候，企业不愿意让外人知道自己的客户资料，一方面是出于保护客户隐私的需要，另一方面则是出于保护企业机密的需要。企业客户、供应商的名单，成交了多少订单，每笔订单的价格是多少，这些都属于企业的机密，不便轻易向外界透露。相较于购买公域流量，建立私域流量则可以使这些数据得到更好的保护。

**4. 从品牌考虑**

建立私域流量，对于品牌的推广是十分有利的。无论私域流量表现的形式是哪一种，它们都有一个特点，便是围绕着品牌存在，更有助于企业宣传自己的品牌，树立自己的企业形象。

此外，因为私域流量是企业主导建立的，企业掌握了主导权，可以把外界不好的评价剔除，所以更方便企业进行客户维护工作。

## ▶▶ 构建私域流量池的方法

> **热点案例观察：小米公司的私域营销**
>
> 2023年4月9日，小米公司举办了2023米粉节线下OPEN DAY活动，这是小米公司为其产品的狂热爱好者而设定的企业节日，每年都会举办。在这次活动中，小米公司邀请了500位用户，在北京小米科技园中共同迎接了小米公司成立第13年的生日。在活动过程中，小米公司还向每位用户赠送了限定伴手礼，获得了用户的好评。即便已经发展为一家大公司，小米公司仍然能够重视米粉文化，实属不易。

作为国内知名的互联网公司，小米公司非常重视对私域流量的建设和维护。他们愿意和粉丝互动，与用户做朋友。其生态圈一直围绕着用户做文章，让用户感受到诚意与温暖，因此小米公司成功地在用户心中建立了性价比高、定价良心的印象。

小米公司成立之初，并没有花费巨资进行广告投放，而是把主要精力放在社群营销上。通过"小米社区"网站、微博等互联网渠道，与用户进行交流，让用户参与到MIUI的产品设计中，根据用户的建议优化产品，使用户产生参与感、认同感和归属感，最终成为"米粉"。和很多企业想着如何教育客户不同，小米公司则大胆地采用了让用户教自己做产品的策略，可谓高下立判。

除了线上平台以外，小米公司线下门店"小米之家"，也是该公司维护私域流量的平台。极简风格的店铺设计，简约时尚的产品，热情真诚的服务，都给用户留下了良好的体验。当用户变成了"米粉"以后，便会爱上小米公司的产品，还会自发地向朋友推荐，成为小米公司的"兼职"销售。

### 搭建私域流量池的五种工具

企业搭建私域流量池，可以通过以下五种形式进行。

1. 微信号、手机号

企业员工直接添加用户的联系方式，如微信号、手机号等，这是建立私域流量池的重要来源，也是比较传统的方式。这种方式能够让我们与客户进行更多的交流，因此能够快速地提升私域流量的转化率，增加用户黏度，推动业绩的增长。

2. 公众号、微博

企业建立官方微博、官方公众号，引导用户关注，也是构建私域流量的关键一环。公众号和官方微博是企业对外发布消息的重要阵地，而且功能强大。

3. 粉丝群

愿意加入粉丝群的，通常是对企业十分感兴趣的用户，因此转化效果最好。通过粉丝群，企业可以将忠实粉丝聚集起来，使他们相互交流，形成一种社群关系。这种社群不仅限于讨论产品，还能帮助企业构建、完善真正适合市场竞争的企业文化。

粉丝群可以由用户自发建立，也可以由企业建立，然后交由专人管理。

### 4. 网上社区

企业也可以单独建设一个网上社区，如前文提到的小米社区。这种模式能够接纳的用户群体非常庞大，只要是对企业感兴趣的用户，都可以在这里进行交流。

### 5. 线下场所

线下场所也可以帮助企业构建私域流量，如企业的线下门店、售后中心等，这些场所可以为用户提供服务，本身就代表了企业的形象。企业如果能够提升线下场所的服务品质，或者举办各种活动，将会成为企业构建私域流量的一大利器。

## 私域流量的四种转化形式

一般来说，利用短视频给私域流量池引流，有以下四种形式。

### 1. 添加链接

添加链接是最基础的一种导流方式。简单来说，就是在视频的结尾处，为私域流量池导流，如发布公众号、微博、粉丝群的信息，邀请大家关注。

可以在短视频里提及公众号、微博、粉丝群的名称或二维码，但是，这样做的缺点是看到视频最后的用户可能没有那么多，这就会导致公众号曝光度没有那么强。另外，某些平台不允许添加二维码诱导关注，理由是涉嫌引流和欺诈，因此企业最好让用户自己搜索，比如"在微博、公众号中搜索×××，关注我们的线上粉丝群"。

### 2. 活动转化

活动转化，顾名思义就是通过做活动的形式给私域流量池引流。比如常见的"关注公众号获得精美礼品""扫码领取红包"等活动形式。

关注公众号有奖品、抽奖、发红包的做法，有点像地面推广，只是把活动场所变成了线上，具体做法是在视频中添加一些活动信息。也可以在视频中留言抽奖，然后在公众号公布获奖名单。这样做的好处有两个：一是能提高用户的活跃度，二是与用户形成良性互动。

### 3. 内容转化

短视频的时长有限，不可能向用户提供太多内容或服务，很多内容或服务需要用户进一步与企业接触后，才能了解。因此，我们可以在短视频中提到这部分内容，引导用户去深入了解，这就是通过内容为私域流量池引流。

比如，在视频结尾加上"如何免费获得贩卖机中的饮料""关注微信公众号获取菜谱""搜索'×××'公众号，回复×××获得更多精彩内容"等文字。

### 4. 其他方法

账号简介、背景banner图等信息，都可以成为企业进行宣传的阵地，而且这些内容只有做得足够好，才显得正式、专业。

此外，评论区、私信等，也可以对用户进行引导，但是，最好不要直接写上个人微信号、手机号、淘宝店铺名称、微信号水印等，这些方法很可能成为平台的打击对象，轻则导致视频内容被系统屏蔽，重则遭到禁言、封号。

## ▶▶ 粉丝社群的创建和维护

**热点案例观察：秋叶大叔的社群营销**

秋叶大叔原本是一位大学副教授，后来他在博客上发布PPT的教学视频，积累了许多粉丝，成为该领域的知名人物。后来，秋叶大叔利用抖音、快手、微博、小红书等平台进行宣传和销售，积累了大量的粉丝和影响力。从一个大学副教授，变成拥有千万粉丝的互联网教育者，他在个人品牌的建设和影响力方面取得了显著的成绩。秋叶大叔的粉丝社群规模庞大，知识付费产品的转化率也很高。

在一次演讲会上，秋叶大叔透露，他并不是一开始就想做社群营销的，只是因为使用QQ群更方便教学，能够在网上给学员答疑解惑。随着经验的不断累积，他逐渐发现了社群营销的优点，于是对社群管理逐步深化。

秋叶大叔会从社群里挑选那些学习积极的学员，邀请他们成为管理员，同时鼓励他们进行投稿，把自己的优秀作品分享给其他学员。经过一段时间的考察，他发现如果该学员的各项条件都很好，就考虑让其成为社区运营的核心团队成员。通过这种方法，秋叶大叔组建了一支优秀的内容团队和管理团队，使得社群的规模不断扩大，也确保了教学内容的持续更新。

### 粉丝社群对企业的价值

在这个流量为王的时代，粉丝社群的建立是非常必要的。阿里巴巴副总裁靖捷曾说："粉丝的经济能量有多大呢？我认为，下个万亿增长点就要靠粉丝经济来支撑。数据显示，从平均购买力来看，粉丝人群比非粉丝人群高出约30%，从品牌线上营销活动的转化率来看，粉丝人群是非粉丝人群的5倍。"

如今，国内的商业活动竞争十分激烈，这对企业的各项"内功"都提出了更高的要求。企业需要深入用户的内心，找到用户真正想要的东西。而要想做到这一点，企业首先需要找到用户，与他们平等对话，进行交流。

能够加入社群的粉丝，通常都有着相同的价值观或兴趣，这使得企业与用户的沟通方式发生了根本性的改变。在社群中，产品和消费者的联系不再单纯是功能上的联结，社群经济赋予了产品更多的东西，如口碑、文化、魅力等。社群的本质是共同体，社群的作用就是催化强关系，建立强联结，产生强信任。社群的建立，使企业不仅可以和众多用户直接进行交流，极大地降低了企业构建用户信任的成本，还能了解他们的身份、兴趣、价值观等信息，从而做出更有竞争力的产品。

当企业将粉丝凝聚起来以后，便可以和他们一起前行，为了新产品的设计、推广而共同努力。在此期间，粉丝会自发行动起来，为产品做社会化传播，如在社交平台上宣传产品，以及向身边的亲朋好友推荐产品等。这样可以极大地降低企业的营销成本、渠道成本。

此外，企业还可以通过社群，找到那些志同道合的人，并且通过商业合作、利益分配等方式，从中发掘优秀的人才，为企业添砖加瓦。这些人才从社群中来，因此对用户的心理需求、社群的运转模式都比较熟悉。

### 如何打造活跃的社群

德国社会学家滕尼斯在其《共同体与社会》中，将共同体分为血缘共同体、地缘共同体和精神共同体三种基本形式。粉丝社群就属于第三种形式，即精神共同体。粉丝基于共同的兴趣，自发地聚集在一起，这种共同体不是建立在现实社会中，而是存在于网络虚拟空间。对于粉丝社群，企业无法完全掌握，相反，很多时候企业必须向社群学习，甚至是妥协。因此，要想建立一个活跃的社群，必须遵循一定的规律。

1. 用户画像定位

管理粉丝社群的前提是了解粉丝的各项信息，也就是用户画像定位。用户画像定位是社群建立的第一步，只有精准地挖掘粉丝的需求和痛点，才能了解你的粉丝真正需要的是什么，然后对症下药，将自己的产品和服务进一步升级，以及推送合适的内容及活动给粉丝。

## 2. 自身优势

每个企业的情况都不同，管理者的水平也不同，有些理念看起来十分完美，但是实践的时候会出现理念和实践不兼容的情况，很难取得效果。因此企业必须了解自身具有哪些优点，企业的调性和特质是什么，可以帮助用户解决哪些问题。弄清楚这些以后，才能和粉丝社群进行匹配，筛选真正适合企业的粉丝。

## 3. 挑选社群领袖

粉丝社群是由一群用户组成的，他们虽然有相同的爱好或价值观，但是缺乏组织性，要想让他们朝着企业需要的方向前进，就必须找出一个灵魂人物。他就像一个领军人物，带着粉丝前进。领军人物必须具备多种素养，比如，在该领域内具备影响力，有输出内容的能力，最好对团队的运营具有一定的见解。

## 4. 社群的裂变

建立社群之后，还要让用户自发地推广，来实现品牌的知名度和用户数的快速增长，实现社群的裂变。因为企业的能力是有限的，吸引100个用户加入粉丝群，可能并非难事，但是要想吸引10000个用户，光靠企业自身的力量已经很难实现了，必须借助粉丝的力量。作为代价，企业也必须将部分管理权交给核心粉丝。

## ▶▶ 短视频的实用引流技巧

> **热点案例观察："老乡鸡"的趣味营销** ✕
>
> 2021年11月7日,话题"见过最轻松的工作"登上微博热搜。热搜的主角是一家中式快餐连锁品牌"老乡鸡"。员工在管理企业的微博账号时,每天都会发"咯咯哒",颇具喜感。很多网友表示,这份工作太轻松了,自己都想辞职去"老乡鸡"上班了。

"老乡鸡"的营销之道,与董事长束从轩是密不可分的。2020年2月,"老乡鸡"董事长束从轩在网上发布了一条视频。在该视频中,他穿着一身蓝色的上衣,在感谢了自己的合作伙伴及同事之后,拿出了一张按满红手印的联名信。原来,"老乡鸡"的员工看到企业的经营很不顺利,于是写了一封联名信,主动要求降低薪资。束从轩对此非常感动,但是他亲手撕掉了这封联名信,然后用诚恳的态度对着镜头表示自己"卖房、卖车也要让你们有饭吃,有工作"。这条视频播放以后,迅速登上网络热搜,打消了很多担心裁员的员工的疑虑,也彰显了企业的责任与担当。

借助真诚的态度和接地气的营销方式，"老乡鸡"成功地在网络上破圈，成为一家知名度很高的餐饮企业。

### 短视频的常用吸粉引流技巧

同样都是拍摄短视频，有的账号能够快速地涨粉，有的账号却迟迟不见成效，原因就在于二者对于运营的细节把控得不同。一些细节做好了，涨粉效率就会大幅提升。

#### 1. 保持更新频率

现在是一个信息爆炸的时代，各种网络事物层出不穷，热搜不断。如果短视频团队长时间不更新内容，很容易被淘汰。而每日更新则可以保证账号持续活跃，避免被粉丝遗忘。

保证了较高的更新频率，甚至是日更以后，还不足以使用户养成习惯，短视频团队还需要把握更新的时间点。比如，如果你短视频针对的是职场人士，那么这些人白天是没有多少空余时间的，所以白天就不适合更新视频的内容。选择晚饭后就比较合适，这时这些人工作了一天后身心俱疲，就会选择通过短视频来释放压力、愉悦心情。

#### 2. 调整发布时间

根据用户的使用习惯，短视频的最佳发布时间虽然因类别存在差异，但有几个普遍适用的原则。多数情况下，用户在上下班途中，以及在用餐前后的时间段较为活跃。

比如，8：00～10：00，很多用户正在上班途中，或者刚刚进入公司，还没进入工作状态。

11：00～14：00，这是大多数人的午休时间，除了吃饭以外，很多人还会打开软件观看视频。

18：00~24：00，这是大多数人的下班时间，进入休息及娱乐状态，此时也是直播带货的高峰时段。

### 3. 评论区互动引流

与用户互动可以大幅拉近短视频团队和用户之间的距离，以此进行引流。广告大师大卫·奥格威曾说："和消费者建立一对一的沟通是我的秘密武器。"互联网营销的关键，就是尊重消费者，理解消费者，学会与消费者用平等的姿态沟通。我们可以通过对用户的评论内容进行回复、点赞，或者在其他热门作者的评论区留下自己的精彩评论，这些方式都可以提升用户的关注度。

### 4. 蹭热点流量

制作短视频，获取较大流量最快、最有效的方法之一就是蹭热点。热门话题自带流量，参与官方活动、蹭热点话题，不仅可以有效地节约短视频运营成本，而且还能够有效地增加内容成为爆款的概率，并且短视频算法推荐机制，对于热点活动会有一个流量加持。但是，并非所有的热点都能利用，这需要你根据你短视频运营的领域，合理进行选择，切忌盲目地利用热点，特别是企业短视频运营。

### 5. 与其他博主联动

与其他博主合作，一起拍摄视频，或者参加某个活动，或者是互相点评对方的作品等，都可以产生联动的效果。这种模式可以使双方实现共赢，更好地获取流量。一方面，每个博主的粉丝的关注点往往有所不同，你和其他博主的粉丝，可能并不重合，联动可以让对方的粉丝了解你，为你增加粉丝量。另一方面，博主之间的联动，会让粉丝产生一种惊奇感。联动之前需要明确合作目标，寻找合适的合作伙伴，并制定合适的合作策略，以实现最佳的推广效果。事后还要评估合作效果，及时调整改进策略，从而持续提升直播推广的效果。

### 平台的流量雷区

平台存在很多雷区，只要触碰，作品就会被限流。在操作时，应当尽量避开这些雷区。

#### 1. 操作违规

有的博主为了涨粉，会采用一些非常规的手段，如刷播放量、买粉丝、用一部手机频繁登录几个账号等，这些操作不符合普通用户的习惯，因此会被平台认定为机器人，容易导致你的账号信用值被降权。还有一些账号创建以后，长时间不操作，也容易被系统判定为机器人，导致作品被限流。

#### 2. 账号违规

在账号资料中，尽量不要使用敏感信息，如敏感词汇、微信号、手机号、广告等。这种行为容易被平台限流，导致账号没有流量。

#### 3. 作品违规

对于很多敏感词汇，一旦你在作品中涉及，就会被平台检测出来，导致作品被限流。此外，在作品中宣传封建迷信、色情低俗、侵权作品、敏感广告词等，也是限流的主要原因。

搬运其他人的作品，会被视为非原创内容，也会遭到限流。

# 第6章
## 短视频营销的多元策略

　　短视频营销,作为一种创新的推广方式,不仅为用户带来了丰富的视觉体验,也为品牌和企业提供了多元化的展示舞台。

　　本章将继续探索短视频营销的各种策略,紧跟短视频营销潮流和趋势,为短视频账号运营人员提供参考和启示。

## ▶▶ 吸睛人设，吸引目标粉丝

> **热点案例观察："老爸评测"的人设来源** ✕
>
> "老爸评测"是一家专门从事评测、检测项目的公司，通过为用户提供科普知识获取流量。它的创办源于一个偶然事件。2015年一个名叫魏文峰的男人，因为女儿上小学需要给书包书皮，于是他从文具店里买了几款书皮，拿回家以后却发现味道非常刺鼻，也没有标注生产厂家和合格证明，属于"三无产品"。这样的产品会不会对孩子的健康产生危害呢？抱着这样的疑问，他带着这几款产品去了质量监督检验中心。检测结果让他大吃一惊：原来这几款产品里均包含大量的有害物质，其中甚至有致癌物。

魏文峰把购买产品并且送检的过程剪辑成了视频，以纪录片的形式发布在了网上，标题是"开学了，您给孩子用的包书膜有毒吗？"视频发布以后，很快引发了社会的关注，他的公众号迅速积累了一万粉丝。借着这个机会，魏文峰开始正式进入自媒体行业，后来又开通了自己的官网。他给自己的人设定位就是一个做评测的爸爸。这个人设不仅符合他的现实生活，还使用户感觉更亲切，使他更具可信度。

"老爸评测"在直播之前，都会先选定一个主题；然后通过短视频预热，向用户介绍一下，以便吸引感兴趣的用户定时蹲守直播间收看；再在直播中展示评测过程；直播结束后，再把评测过程剪辑成视频。凭借长期的坚持，如今"老爸评测"已经成为一个非常优秀的账号，而魏文峰的人设和形象，也获得了众多观众的认可。

**直播人设的作用**

做短视频，需要立人设么？当然需要，人设是非常重要的！人设如果设立得好，就能让用户在你身上投入情感。可以说，人设就是短视频的生命，如果人设设立得不合适，短视频就不具有说服力。纵观大部分短视频运营者的失败案例，大多是在人设上出了问题。有的是没有找到合适的人设，有的是没有输出与人设相匹配的内容，还有的则是企业负责人做出了不当行为，直接导致人设崩塌。

做产品容易，做品牌很难。企业做短视频，一方面是为了实现业务转化，另一方面是为了品牌宣传。在短视频营销时打造人设，对于企业的长久发展是非常有利的。

1. 增加吸引力

人设自带吸引力，可以使粉丝沉淀下来，形成购买力以及复购。在电商市场中，直播已经成为一个很普遍的推广产品的方式。但是，由于竞争激烈，很多直播内容相似，缺乏特色。所以，独特的直播人设可以为直播注入新鲜血液，给用户带来新的体验感。通过打造独特的形象和风格，主播可以在众多直播中脱颖而出，吸引更多用户的关注，提高直播的曝光度和传播效果。

### 2. 形成差异化

如果运营者在短视频里没有打造鲜明的人设，就很难给观众留下深刻的印象。即便有了优秀的选题和素材，也会被同行轻易抄袭，给自己培养竞争对手。只有树立自己的品牌人设，提升人设的独特性，确立差异化，减少被复制的可能性，才能让短视频账号脱颖而出。

### 3. 建立品牌，培养粉丝群体

有了鲜明的人设，更容易帮助企业打造品牌和粉丝群体。通过人设的形象，企业可以与粉丝实现优质互动，建立一个稳定的粉丝群体。这些粉丝不仅会在直播过程中支持和购买产品，还会成为品牌的忠实粉丝，为品牌口碑和销售做出贡献。

### 4. 拓展更多玩法

打造短视频人设以后，企业的账号就不像是一个冰冷的带货机器，而是拥有更多的情感输出，因此我们可以为它设计更多的玩法。比如，把IP形象拍成短剧，或者做成玩偶等，让短视频更加有趣，增加账号的娱乐性和情感共鸣。

### 打造人设的三个要点

要想打造短视频营销人设，需要整体的规划和持续的贯彻，我们需要从以下三个方面入手。

1. 为账号"贴标签"

要想给他人留下印象，最简单的办法就是贴标签，标签是认识一个人最快捷的方式。我们需要深入地挖掘企业和产品的特点，找到与自身相符的标签，如企业产品的品类、账号主体的身份等。以"老爸评测"为例，账号从事的工作内容是评测，身份则是老爸，这就是该账户两个最直观的标签。在各大平台上，我们可以看到很多账号的人设是厂家、企业创始人、KOL等，这些都属于标签。

此外，我们也可以使用一些其他元素，例如地域、行业、平台、人物性格等，作为自己的标签。

2. 围绕标签进行优化

有了标签以后，我们还需要围绕这个标签，对账号的其他方面进行设计，如账号的UI（User Interface，用户界面）设计，以及主播的个人形象、性格、行为、话术等。一旦确立了人设，就不要轻易改变它。每一次的选题策划中，都要考虑其视频是否与人设相符。当然，也可以适时推出一些背景故事、节日问候、幕后花絮、客串联动等短视频内容。通过持续产出与人设高度一致的视频内容，可以不断地强化粉丝对人物的印象，形成牢固的粉丝关系。

值得一提的是，这些内容应当是真实的，至少应当是主播容易做到的。比如，如果一个主播的性格比较内向，就不要强迫他去表演一个外向型人格，否则会显得很不协调。

### 3. 凸显自身优势

有了标签以后，账号还应当进一步说明自己的优势。比如，一位"味蕾探索家"的抖音美食博主，专注于分享世界各地的特色美食以及创意家常菜。她的视频内容丰富多样，从街头小吃到高级料理，从家常菜到节日特辑，应有尽有。在每个视频发布时，"味蕾探索家"都会精心选择一系列标签，如"#美食探店""#家常菜教学""#创意料理""#海外美食"等，这些标签帮助她的视频被更多对美食感兴趣的用户发现。

## ▶▶ 企业家在线演讲视频

> **热点案例观察：周鸿祎的口才课**
>
> 2024年1月12日晚，360公司董事长周鸿祎举办了一场演讲，其主题是"你也可以好口才——如何演讲"，这是"红衣公开课"的首堂课程。在这场演讲中，周鸿祎分享了他的成长历程和信念，并且讲述了自己的演讲技巧和方法、不装不端的秘诀、如何在演讲中保持自信、如何讲笑话、如何讲好故事、如何讲真话、如何准备演讲等。演讲开播以后，只用了3分钟，就吸引了超过10000名用户前来观看。

此前，曾有网友将周鸿祎誉为"企业家界的郭德纲"，用此夸赞他非常善于演讲。在一份"盘点中国企业家中最会演讲的六个人"的名单中，周鸿祎榜上有名，"肚里有货""反应机敏""幽默真诚"成为他的风格标签。但是，周鸿祎自己十分谦虚地说："未来属于年轻人，特别是年轻的企业家和创业者。但我发现年轻人擅长玩流量，按照既定脚本，用剪辑好的视频来表达自己，不太擅长现场演讲。我以前也有讲不好被观众起哄的时候,马云、张朝阳都教过我演讲技巧。我想把这些技巧传递下去,希望对大家有用。成功的企业家几乎都是优秀的演讲者。"

### 企业家演讲的意义

以往,人们鼓励企业家走上讲台,对观众发表演讲、传授课程,认为这样做可以提升企业家的个人形象。巴菲特曾说:"投资你自己,最简单的让你比现在增值50%的方法,是磨炼你的交流技术,写作和口头表达都需要。"举办一场演讲活动,可以让世界听到你的声音,可以让你的思想传递出去。此外,这种方式还能为拓展人脉和资源,为企业的发展提供更多的选择和可能。

如今是网络时代,企业家演讲、授课的对象,则变成了网友,并且这种方式对于短视频营销也能起到良好的促进作用。

1. 向观众传递价值观

从表面上看,企业家是在向观众讲课,实际上他们也是在向观众传递企业的价值观。观众认可了企业的价值观后,就会不自觉地成为粉丝中的一员。

2. 打造企业家个人IP

当企业家亲自与观众交流时,实际上就是打造个人IP,这能为企业家建立领袖的魅力形象,同时也让企业的形象更丰满。企业家的个人形象、性格、说话的方式,以及价值趋向,都会成为人们认识他所属企业的一种渠道。

3. 凝聚团队共识

对于团队内部而言,企业家的演讲也是十分必要的。企业高层授课是企业的一种很好的管理方式，不仅向员工传递了企业文化，塑造了企业形象，还加深了员工对企业的认识。由于是面向观众，企业家在演讲过程中往往会更重视形象，会放下架子，更加接地气，这样公司的理念和方向也才更容易被团队成员接受。

### 企业家演讲的四个流程

#### 1. 准备工作

在在线演讲之前，重点要做好两项准备工作。

（1）养号。养号也是预热的一部分，先把账号的流量做起来，尽可能地扩大企业家的知名度，以便演讲的效果达到最佳。养号的操作并不难，比如，每天积极与网友互动、转发热门作品等。

（2）整理知识。在养号的同时，企业家还要整理一下自己的知识体系，这是演讲时需要用到的内容，也是精华内容。比如，"雷军亲述独家创业心法"，汇聚了小米公司创始人雷军的创业心得，包括创业前的准备、获得融资的方法、团队的组建、创业的发展等一系列关键问题。这些内容通常需要很长一段时间的思考和整理，才能把优质内容提炼出来。

#### 2. 拍摄、发布作品

做完这些准备工作后就可以拍摄、发布作品了。在拍摄作品方面，为彰显出专业水准，最好准备好相机、摄影棚、服装、场景摆件等物品。值得提醒的是，服装、场景摆件都是为企业家的IP形象设计的，因此在准备这些物品时要考虑企业家的定位和形象。

拍摄完作品，就可以发布作品了。需要注意的是，作品的更新频率要及时，但是不要一次性发布太多，可以隔一天或两三天发布一次，像电视连续剧一样，使观众不仅有追剧的感觉，还给他们消化的时间。

### 3. 宣传和引流

发布作品之后，要做的就是宣传和引流了。为此，我们需要做好短视频的关键词优化，因为短视频发布到网络平台之后，平台会抓取短视频中的关键词，当用户搜索该关键词时，平台就会弹出相关内容。

此外，我们还可以通过购买流量、邀请大V互动、与短视频推广公司合作等方式，对短视频的内容进行宣传和推广。

### 4. 数据监测

短视频发布之后，还需对数据进行监测，观察播放量、点赞、评论、转发等数据是否优秀。然后根据这些数据，确定后续的内容制作和优化的内容。

## ▶▶ 实体店的线上获客营销方法

> **热点案例观察：一家民宿的抖音获客法** ✕
>
> 抖音上有一家民宿，位于风景如画的云南西双版纳。作为一家普通的民宿型酒店，花漾庭院的规模并不大，总共只有20～30个房间，也没有充裕的资金或响亮的品牌效应，在西双版纳，它的竞争力并不强。随着抖音、快手等平台火热，店主将目光投向了短视频领域，通过拍摄短视频的方式，成功提升了客流量。

花漾庭院是一家小企业，它的走红可以说实属意外。当时，抖音的短视频业务发展迅速，许多企业已经通过抖音短视频的形式，成功实现了线上营销带动线下销量。比如，对于西安的摔碗酒而言，将其拍成短视频发布到网上以后，很快就火爆全网，致使全国各地的游客前往西安，都想亲身体验一下。前到西安体验的游客先是把酒一饮而尽，然后使劲地把碗摔在地上，企业再拍成短视频，就实现了摔碗酒裂变式营销。

受到摔碗酒的启发，花漾庭院的老板也开始尝试拍摄短视频。从剧本设计到视频拍摄，都由老板亲自完成。有时候拍景色，有时候拍美女，有时候拍段子，在此期间由店里的员工参演。老板只用了两个月时间，就积累了近20万的粉丝。

有一次，老板拍摄了一条可爱宠物有关的短视频，让店里的鹦鹉小白与人进行互动。面对收水费小哥的敲门，鹦鹉总是不按套路出牌，使该小哥非常头疼。这条视频发布以后，播放量迅速超过百万。掌握流量的密码以后，老板在短视频方面更加用心。他总结了之前的经验，从曝光、获客到转化、运营，逐渐摸索出了一套适合自己的营销套路。

老板把门店的地址信息添加在短视频里，增强了门店的曝光，又为消费者设置了优惠活动，只要消费者拍摄门店短视频，并且点赞过50个，就可以享受优惠。这种操作大幅提升了用户到线下门店消费的概率。

**线上引流获客的思路**

实体店要想通过短视频平台引流获客，需要遵循以下三点思路，才能实现拓展客源的目的。

1. 开通线上门店

首先要把店铺的信息搬运到网上，让短视频用户能够通过网络了解店铺的各种信息，如店铺的地址、主营业务、产品、价格等。同时注册门店账号，填写详细信息，并模拟个人用户行为进行养号运营。在运营过程中可以关注并与其他用户互动，同时不要急于发布视频，避免被判定为营销号（网络平台上，主要以流量或利益为目的，去收集一些特定内容后加工特定信息，再进行推送的账号）。在此期间，可以学习一下他人的视频创作思路。

2. 创作短视频内容

无论是短视频，还是直播，其核心都是通过内容吸引用户。实体店可以通过展示产品、演示使用技巧、分享行业知识等方式来吸引用户。内容要有创意和有价值，能够引起用户的共鸣和兴趣，增加用户对你的品牌和实体店的认知。

3. 搭建转化体系

通过短视频吸引用户之后，接下来要做的就是将流量转化为销量。为此，实体店需要找到一条适合自己的转化方式，可以尝试多种方法，鼓励用户亲自到线下店体验，然后从中找到效果最好的方式。

## 五种线上获客引流方法

实体店的优势是线下经营，虽然无法确保拍出的视频都能点赞破百万，但只要引流方法得当，就可以为实体店引流获客。

1. 利用热门话题和挑战

在各大短视频平台上，都有很多热门话题和挑战，参与其中可以增加店铺的曝光。实体店可以利用这些话题和挑战与用户互动，展示你的产品或服务，吸引更多用户了解你的实体店。值得提醒的是，选择与你的品牌和实体店相关的热门话题和挑战，以确保吸引潜在客户。

### 2. 探店模式

探店模式是一种非常简单的方案，实体店可以邀请粉丝数量较多的大V、达人、KOL等，让他们拍摄一条线下店的体验视频，便可以在短时间内快速地曝光你的店铺，触达目标客户群体，并提高品牌的知名度。

### 3. 拍摄短视频广告

实体店可以寻找专业的广告公司，拍摄短视频广告，也可以自己拍摄广告，利用抖音的广告平台，直接在抖音上进行推广。这种方法可以使实体店铺的信息传达给更多的用户，提高曝光率。

### 4. 提供优惠活动和福利

实体店可以在短视频平台上宣传店铺的优惠活动和福利，吸引用户到实体店消费。实体店可以通过抖音小店、优惠码等方式，鼓励用户光顾你的店铺。

### 5. 门店打卡

实体店可以鼓励用户到门店打卡，并且拍摄短视频，当用户点赞量达到一定数量时，即可向他们发放福利和优惠。在用户发布视频时，实体店还可以引导他们加上门店的地址，当短视频用户刷到感兴趣的视频时，就可以直接获知门店地址。

## ▶▶ 让KOC拍摄体验视频

> **热点案例观察：用户小视频助力问界汽车销量上涨**
>
> 2024年2月，某位车主在网上发布了一条短视频，标题是"华为问界M7春节返乡，高速上小艺救了一命"。该视频显示，该车主驾驶问界汽车使用智驾功能行驶在高速公路上，试图向右超车，由于天色太暗，未能发现右前方的车祸现场。危急时刻，只见问界汽车的智驾功能发出语音提醒，接着向左微微变道，从狭缝中精准通过。这惊险的一幕令车主惊叫连连，同时也让众多网友纷纷感叹问界智驾功能的强大。账号的发布者并非明星、大V，其粉丝量数也只有20多个，但是该视频发布以后，播放量激增，视频被众多网友点赞和转发。

问界汽车是华为和赛力斯合作研发的，凭借着华为鸿蒙系统的加持，问界品牌建立之初，也经历过迅速成长的阶段，连续多月交付破万。但是随着多家竞争对手的加入，以及其他诸多因素的影响，问界的销量增长速度逐渐放缓。2023年1月至8月，问界汽车的累计销量只有30699辆。这样的表现，可谓十分低迷。直至

2023年9月，问界M7的发布以后，优秀的驾驶体验，配合众多车主的真实分享，使问界汽车迅速从"低谷"中走出，不仅在2023年12月和2024年1月连续突破3万辆大关，还一举站稳新势力品牌的头部位置。

通过对用户口碑进行分析，我们发现问界汽车之所以能够实现销量逆袭，其中一个重要原因是新上市的M7、M9两款车型的大幅度升级，满足了目标用户对于安全性、大空间、智能化、科技感的要求。而KOC（Key Opinion Consumer，关键意见消费者）的自发分享，也是帮助问界汽车实现爆款营销的必要因素。优秀的产品给他们留下了深刻的印象，使他们从内心深处真正认可了产品，自发地拍摄视频，又吸引了更多的用户参与讨论，于是形成了一股分享使用体验的热潮。

### KOC让营销更接近真实用户

KOC，作为关键意见消费者，自然也属于消费者，只是他们喜欢分享自己的产品使用体验。KOC离真正的消费者更近，因此广大消费者才更愿意信任他们。

对于产品而言，企业自夸一千句，都不如用户夸一句。KOC和真实用户在拍摄体验视频时，或许拍摄手法不够精致，画面和文案也很粗糙，但胜在真实。其他消费者看到他们拍摄的视频后，会感觉非常亲切，认为其可信度高。因此，KOC和真实用户的评价会对其他消费者产生极大的影响。虽然每个用户的粉丝数量不多，但是当许多用户一起拍摄视频时，就会形成一股不可小觑的营销潮流。

对于企业来说，选择KOC营销，也能够使企业更容易控制成本。正是由于KOC的粉丝数量不多，与他们合作时，企业需要付出的成本就比较少。很多KOC甚至出于个人爱好自发地为企业拍摄视频，为企业节省了一大笔广告费。企业可以先找一些KOC，请他们拍摄视频，看看传播的效果如何。如果传播效果比较好，则企业可以加大投入力度，邀请更多用户拍摄视频。如果效果很差，则企业可以及时变更策略，避免继续做无效投资。

### 如何做好KOC种草

KOC营销目前仍是一种比较新颖的营销方式，由于其具有"草根"的特性，使得KOC营销模式和传统的营销模式差别很大。要想做好KOC营销，企业要遵循以下四点原则。

#### 1. 寻找调性相符的KOC

虽然短视频的目标群众明显以年轻用户为主，但各个平台中的用户群体是存在差别的。以抖音为例，它的用户群体以年轻人为主，且一、二线城市的用户占比较高。快手则拥有一大批三、四线城市，以及广大农村地区的用户群体。在做短视频推广之前，企业不仅要明确自己的目标受众是谁，还要深入地了解各个平台的用户群体以及活跃其中的KOC。通过调研和数据分析来了解目标受众的特征、偏好和需求，为后续营销策略的制定提供指导。

#### 2. 帮助KOC进行创作

KOC和真实用户可能既不懂专业的摄影知识，又不懂该如何写文案，且对资金的使用也更加谨慎，因此企业应当尽可能地向他们提供便利，帮助他们完成视频拍摄。比如，为KOC提供产品拍摄帮助，或者为KOC提供独家报道的机会等，通过这些内容将品牌信息巧妙地传递给消费者，引发其兴趣和共鸣。但是，不要喧宾夺主，抢夺视频拍摄的主导权，否则容易使视频失去真实性。

### 3. 后续维护工作

企业要重视KOC给出的意见，因为他们的意见代表了很多真实用户的心声。企业的积极改进，会使用户有一种被尊重的感觉，从而为企业建立良好的形象。

对于那些优秀的KOC，企业要与他们建立长期的合作关系，共同推动品牌的发展。这样，企业推广了产品，KOC则获得了流量，将是一个双赢的局面。

### 4. 发挥社交媒体的力量

KOC往往是借助社交媒体发布作品的，因此企业可以通过与KOC在社交媒体上进行互动和合作，从而扩大品牌的曝光度和影响力。同时，企业也要加强对舆论的监测，使舆论向着有利的一面发展。

# 第7章
## 站在直播风口，让品牌火爆出圈

直播已经成为连接企业与消费者的强大纽带。越来越多的企业和个人正在积极拥抱这一新兴营销手段，以图通过直播，让品牌火爆出圈，实现品牌价值的最大化。

本章将讲解到直播营销的核心要素，包括直播间搭建、主播选择、互动设计等。通过直播，能让观众在参与中感受到品牌的温度，从而增强品牌认知度和好感度，助力品牌快速出圈。

## 直播带货三要素——人、货、场

**热点案例观察：服饰类的头部主播**

截至2024年1月12日，在数据平台上查询抖音带货直播榜，在"服饰内衣"这一类目中，位列排行榜首的是主播"刘11生活号"（见图7-1）。她的单场直播销售额就已超过2500万元，销量预计超过5万件。通常来说，能够将直播带货做到类目第一，粉丝数量至少有数百万，甚至超过千万粉丝，然而打开该主播的抖音账号，你会发现她的粉丝只有83.6万。这说明她的直播带货能力必定有过人之处。

图7-1 抖音带货直播榜（数据来源：蝉妈妈）

仔细浏览这位主播的账号，你会发现她的视频风格比较清新、独特，她并不是单纯地介绍服饰，而是将美妆、时尚搭配、旅游风景等内容融合起来，向观众展示了一种优雅的生活态度，使观众在观看的过程中感受到她的独特魅力。

在直播的过程中，主播也没有高声吆喝，而是坐在沙发上，轻松、自然地介绍产品，就像一个日常生活中的老朋友，在向你介绍她最近发现的好产品一样。

从选品来看，她选择的款式则大多属于极简风格，以黑、白、灰色系为主，且会做好款式的搭配，在生活化的场景下出镜拍摄，显得轻松、随意又百搭。在价格方面，该主播也没有走低价路线，而是坚持高客单价，客单价在百元以上，这说明她的目标用户定位十分精准，正是那批有经济能力、寻求生活质感的成熟女性，愿意为生活氛围和质感买单。

"刘11生活号"的成功，是直播行业的一个缩影，说明直播带货的成功，并不一定依靠大喊大叫地卖力表演，或者产品的极致低价，而是要从人、货、场三个角度发力（见图7-2）。

图7-2 直播带货的人、货、场

### 人：企业连接用户的桥梁

在线下销售商品时，售货员每次只需要面对一个顾客，或者几个顾客，但是在直播带货时，主播需要同时面对数千个、数万个顾客。直播平台把销售场景放大了无数倍，因此在直播带货中，最关键的因素可能并非货物，而是主播。

主播是直接面对用户的，也是产品的代言人，产品的品质究竟如何，都是由主播介绍的。如果主播不能在用户面前为自己树立诚信、可靠的形象，那么直播带货就很难成功。

### 货：从"人找货"到"货找人"

在传统的商业模式中，大多是"人找货"，也就是顾客主动进店，寻找自己需要的产品，而商家只需要做好广告，等着顾客到来即可。但在直播带货模式中，"货找人"的重要性越发凸显。产品到处都有，如何将你的产品推荐给消费者，让他们相信你的产品是独特的，并且劝说他们下单，这是直播的重点。

如今，很多用户养成了一个习惯：在手机上看看自己感兴趣的短视频，可能本身没有十分想买的，就是单纯地看看某直播间里推荐了哪些好产品，结果发现主播正在推荐一款有趣的产品，于是顺便就下单了。这就是典型的"货找人"。

不难发现，这种"货找人"的模式，一方面降低了用户的发现成本，另一方面也更容易使用户接受更多的产品和款式。

综合来说，直播带货就是以主播的高信誉，加上产品的高性价比，共同培养起来的新业态。主播经过自己的挑选，为用户筛选一遍产品，降低了用户的发现成本，使用户购物变得更方便了，从而重塑了"货"这一核心要素。

**场：提升转化率的场景**

场，指的是直播间的场景。要想推荐某类产品，自然需要搭配相应的直播间风格。场的观感有利于提高用户体验，激发用户下单的冲动，促进交易的达成。

直播间的背景不是随意搭建的，它需要为消费者营造舒适的消费环境，并且模拟出使用场景。直播间的环境，是用户第一眼的观感体验。消费者进入不同的直播间里，感受的氛围和气场都是不一样的，所以，直播间的搭建一定要符合产品调性，不要随意摆弄。另外，直播的画质也是场的一部分，画质要高清，如果画质模糊，会使得直播效果大打折扣。

## ▶▶ 搭建品牌专属的直播间

> **热点案例观察：中国邮政的直播业务**
>
> 在人们的印象中，中国邮政一向是专门做快递业务的，然而在抖音上搜索"中国邮政"，我们会发现有很多中国邮政各地分公司的账号，其中一些账号还经常做直播带货。实际上，这些账号都是由中国邮政各地分公司运营的，邮政员工或是合作MCN（Multi-Channel Network，多频道网络）机构的工作人员充当主播，风格也各有不同，有的账号主要售卖邮票和文创产品，有的则售卖美妆和护肤品，还有的卖的是农产品和农副产品。

2022年，中国邮政推出了一款托特包，全绿色的设计，造型方方正正，上面印着"人民邮政""存款过亿""拒绝焦虑"等字样，显得颇为独特，价格也很实惠，一时间在网上掀起了一阵讨论的热潮，成为邮政直播的破圈产品。

作为一家老字号的国企，中国邮政非常重视以抖音、快手、小红书等平台为代表的新型商业形态，因此与MCN机构合作，打造了许多账号矩阵，主营范围覆盖美妆、食品、文创、邮票、钱币、酒水等，用老IP讲新故事，用直播推动企业的转型升级。

点开中国邮政各地分公司的各个直播间，我们会发现每个直播间设计得各有特色，可以看出他们正在积极地拥抱变化。用他们的说法是"邮政也需要与时俱进"。

### 直播间的差异化定位

如今众多企业纷纷转战直播行业，各行各业几乎都有头部主播。单纯依靠价格优势来吸引更多的人，已经很难形成良性循环了，因为总有人比你出价更低。这会在一定程度上影响企业品牌参与直播带货的热情，从而对直播间的货品造成影响。那么，如何才能在竞争激烈的直播环境中生存下来呢？这需要我们做好直播间的差异化定位。

企业应当针对不同人群的需求，进行深入挖掘，这是商业的本质，任何时候都不应舍弃它。随着消费观念的改变，消费者在内容和产品上的兴趣也在改变，逐渐变得差异明显，这一点在直播平台上就能看出来。未来，或许会有更多的优质直播平台出现，带来更多的差异化。

1. 直播场景的差异化

直播场景是面向消费者的第一画面，会给消费者带来第一印象，因此很多商家非常重视直播场景，通过背景、挂饰、音乐等元素，提升直播场景的丰富度，在无形之中与观众进行互动，拉近彼此的距离。

### 2. 直播风格的差异化

有些商家在直播时，会使用各种方法，引导观众进行互动，以便增加直播的互动性。也有一些主播注重产品的展示效果，主播的语言简洁、明了，只在引导下单、关注等关键时刻，才会与观众进行互动。还有一些主播把重心全部放在产品上，几乎不与观众进行互动。这些都是不同的直播风格。

### 3. 直播产品的差异化

直播产品的选择，也会让直播产生差异化。在选择产品的过程中，不要过度模仿网红和大V，因为他们的账号定位和企业的产品定位往往是不同的。如果产品与账号定位的匹配度不高，那么销量自然不会好。

## 多种风格的直播间

一个具有氛围感的直播间，能够给消费者带来更好的体验，同时还能提升企业的形象，促进直播业务的发展。那么，如何搭建企业直播间呢？下面我们就从实景直播间、虚拟直播间的角度，看看企业如何选择合适的直播间。

### 1. 实景直播间

实景直播间，就是将真实的场景作为直播间的背景，能够让观众感受到更直观、更真实的购物环境，如展示服装、鞋子、户外用品、家具等。

实景直播间的成本较高，每次替换场景，都需要很多时间，因此更适合以下两种情况。

（1）有稳定场地、固定主题、不经常更换背景的长期直播。

（2）用于单次主题活动或快闪活动。

2. 虚拟直播间

虚拟场景直播，就是利用软件生成虚拟背景，帮助搭建直播间场景的方案。这种方法的成本相对较低，只需要在电脑上替换图片，就可以随时改变直播间的风格设计。因此，它更适合以下类型的企业。

（1）中小型企业和启动资金不足的企业。

（2）需要经常更换背景的直播间。

（3）需要使用太空、海底、森林等商家难以搭建的直播背景。

## 场景搭建的七大要素

在搭建场景时，商家需要从场地、背景、音乐、灯光、环境、商品陈列等角度，对直播间进行设计。

1. 场地

通常，个人直播间占用的面积至少要5～10平方米，多人团队配合型直播间占用的面积则比较大，可以达到20～40平方米。如果面积太小，设备和货品就没法摆放，就会使整个画面看起来过于拥挤。

在有限的空间里，建议只摆放一个大件，作为画面中的重心。比如，数码科技类主播可以摆放游戏台、电竞椅；美妆类主播可以摆放化妆台；百货类主播可以摆放展示柜、陈列桌；情感类主播可以摆放单人沙发、座椅等。

### 2. 背景

背景需要突出直播间的特色，比如，中国邮政使用的背景色是绿色，与中国邮政的主题色相同。也可以使用与商品相近的颜色，作为直播间的背景色，可以使整个画面看起来更协调、统一。或者根据季节、节日、商家活动，定制直播间的色彩，以便增添氛围。

### 3. 音乐

背景音乐也需要与直播的主题相符，如做大场时使用激昂的音乐，以便烘托紧张的气氛。但需注意音乐的版权，且音量不要太大，以免影响主播对商品的介绍。

### 4. 灯光

灯光设计可以加强直播的氛围，提升直播的效果，让主播和货品看上去更明亮、清晰。可以根据自己的需求，使用环形灯、顶光灯、侧光灯、轮廓灯等。

### 5. 环境

直播画面中的物品都应摆放整齐，擦洗干净。比如，服装类直播间为了展示服装的上身效果和直播间的场景感，往往需要有真人试穿。

### 6. 商品陈列

商品陈列是直播间的重点，如果空间有限，则可以把商品直接摆放在镜头中。如果空间比较大，则还可以使用货架进行展示，以突出商品的视觉冲击力。

## ▶▶ 主播的必备素养

> **热点案例观察：知识型主播——董宇辉** ✕
>
> 　　说起2023年的直播带货主播，董宇辉是一个绕不开的名字。从一名老师，转变成一名直播带货主播，董宇辉凭借其知识型主播的形象成功出圈。在短短几个月内，他就成为直播带货行业的顶流。他不仅可以3天涨粉上百万，还可以让直播间达到一亿点赞数，更能在20分钟内将《额尔古纳河右岸》卖出30万册。究竟是什么让董宇辉如此备受瞩目呢？

　　为了营造氛围，很多带货主播会在直播间里卖力地吆喝，董宇辉却反其道而行之，他从来不大声叫嚷，只是平静地介绍产品，讲述知识，就像和我们平常聊天一样。他把原本枯燥、乏味的直播带货，变成了幽默、有趣的课堂。有网友说："这样真好，让直播上升了一个层次。"

　　董宇辉在直播带货时，优美的短文时常脱口而出，比如："当你背单词时，阿拉斯加的鳕鱼正跃出水面；当你算数学时，南太平洋的海鸥正掠过海岸……"他还经常分享自己的人生经历和感悟。这种将知识与情怀结合的直播方式，引起了广大观众的共鸣，让董宇辉成为知识型主播的代表。

更重要的是，人们从他身上看到了人性中美好的一面。正如他在直播中所说："听世界的意见，保留自己的观点，坚持自己内心的坚守。"

董宇辉当时带货的那些产品，其实并不稀缺，市场上有很多相似的产品，但是很多人更愿意在他的直播间里下单。究其原因，一方面是他们相信东方甄选的品质，另一方面则是董宇辉为他们提供了独特的情绪价值。在进入直播间时，他们可能本来不想买东西，只是想看董宇辉的直播，结果发现他正在推荐一款看上去不错的产品，于是顺便就下单了。这就是典型的"货找人"。

## 主播要有明显的个人风格

做带货主播，门槛并不高。很多爆火的带货主播，可能并没有很高的学历，甚至之前对直播行业并不了解，也没有很高的才艺和颜值，但是他们依然能够从众多主播中脱颖而出，其中一个原因就是他们的个人风格十分独特，能够使观众深深地记住。因此，做带货主播，一定要具备吸引人的个人特色，或者有独特的个人定位，这样才能使人记住你，从而积累粉丝。

要想把直播带货做好，眼光就不要局限在直播这一个领域内，那些真正能够爆火的主播，往往是能够制造话题的。不管是做短视频还是直播，好的话题都能让主播迅速破圈，使更多的用户注意到你。而要想制造话题，前提是主播的风格足够鲜明。

从这个角度来看，主播其实也是公众人物，也是一名"表演艺术家"。不过，主播的个人风格，应当是先找到主播的性格特点，然后将它放大，呈现在观众面前，而不是要求主播强行改变自己的性格，去扮演一个陌生人。

### 主播必备的个人能力

由于直播这种特殊的带货形式，主播除了需要个人风格鲜明以外，还需要具备一些优秀的个人能力。

1. 镜头表现能力

主播是需要在镜头前面对观众的，因此自信流畅的表达能力，是主播的必备能力。主播要精神饱满，在镜头前始终保持热情洋溢，即使没有人观看，也要坚持播下去。这并不容易做到。在刚开始直播的时候，观众可能只有个位数，主播只能对着镜头自言自语，完全没有互动的机会，很多主播就是在这个阶段没有坚持下去，从而错过了锻炼的机会。

2. 良好的形象气质

带货主播未必需要多高的颜值，但是形象和气质不能差。直播本来就是一个看眼缘的行业，主播的形象气质好，才能吸引消费者的注意力，提高消费者对商品的关注度和购买意愿。主播要穿着要得体，言行举止要文明，这既是对他人的尊重，也是对自己的尊重。主播不宜有不雅、粗俗的动作和语言，这不仅会给观众留下不好的印象，而且会引来平台的限流。主播要在平时提高语言表达能力，可以通过多读书，多听讲座，多跟人交流，不断提升自己的谈吐，提升个人形象和气质。

### 3. 介绍产品的能力

主播的任务是带货，其在直播的过程中需要向用户介绍产品，因此主播需要对商品有深入的了解，包括产品的特点、性能、用途、价格等。只有这样，才能准确、详细地说出产品的信息，解答消费者的疑问，增强消费者的购买信心。主播要在直播中巧妙地将商品特点和优势与观众的需求相结合，使观众在购物的时候感到物超所值，完成够买。

### 4. 互动控场的能力

一名优秀的主播，必须有控场的能力。控场是为了让直播的各个环节有序进行，同时吸引观众的注意力，提升直播的观看体验。直播间里任何突发状况都有可能出现，需要主播随机应变地控场，这就是主播控场能力的体现。比如，回答观众的评论，引导直播间的氛围等。

### 5. 团队协作能力

除了直播带货以外，主播本身也是公司的一名员工。直播过程不可能由主播一个人完成，直播间后台还有副播、中控、场控、选品、美工、运营等，是一个庞大的直播团队。主播需要与他们共同协作，才能把直播做好。

## ▶▶ 让直播间火爆的控场术

> **热点案例观察：罗永浩的控场术**
>
> 　　有一次，罗永浩在直播里带货某品牌的8年陈皮白茶，被网友质疑陈化年度虚高。面对评论区的网友质疑，罗永浩说："保真不保真的（请你）完全放心，我们根本不值当（造假），我们直播间一年是大几十亿、上百亿的GMV销售额，别害怕，假一赔好几倍，妥妥地放心买，这事找龙哥（罗永浩），也许是全世界赔付最快的主播，能买到假货你就发财了。"他还谈到以前的案例："两个骗我们的上游厂商，都送去坐牢了。（给消费者的赔款）也是我们赔的，一共赔了700万元左右。赔完了以后，消费者很满意。"

　　作为一名头部带货主播，罗永浩总是能够用平淡的语气介绍产品，掀起一波波的抢购热潮，同时还能打消消费者的疑虑，这与他十分高超的控场能力是密不可分的。罗永浩的话术技巧是很难模仿的，毕竟不是所有人都能像他一样自信、敢表达，也不是所有人都像他一样敢担当。在观看罗永浩的直播时，我们可以发现他那些隐藏在文案背后、行之有效的控场话术。

罗永浩的语言是十分幽默的，又带有明显的价值取向，给人一种真性情的感觉，这已经成为他个人的独特标签。在当今社交媒体和电商蓬勃发展的时代，要想成为一位优秀的带货主播，不仅需要拥有出色的颜值和表演能力，还需要具备高情商和高智商。这二者的结合，可以使主播在各种直播情景下都能游刃有余。

### 直播控场的三大方法

在直播的过程中，主播实际上是与消费者隔着一层屏幕的。如果消费者的互动热情不高，主播就会感觉在自说自话。所谓直播控场，就是让主播摆脱自说自话的尴尬境地，勾起消费者的兴趣和好奇心，使消费者有兴趣在直播间评论，提升直播的效果。一般来说，直播控场可以通过以下五种方式进行。

1. 勾起消费者的好奇心

面对自己不了解的事物，很多人都会产生好奇心，利用人们的这种心态，就可以很好地营造直播氛围。比如，很多人对八卦、新鲜产品等好奇，我们可以在直播之前，就发布预告，告诉消费者接下来的直播间里会请来某位特殊人物，或者售卖某种特殊产品，提醒消费者到时收看。

2. 对消费者的称呼

在直播间中，对消费者的称呼也可以改一下，不再使用"各位观众""消费者""买家"等较为生硬的称呼，而是使用"家人们""朋友们""小哥哥、小姐姐们""所有女生""各位老板"等。当然，这些称呼需要根据直播间的用户构成来决定，假如直播间的用户大多是女生，就可以使用"小姐姐们""所有女生"；假如直播间里的用户是对创业感兴趣的人，就可以使用"各位老板"之类的称呼引起观众的共鸣。

### 3. 使用音乐烘托气氛

直播间里对于音乐的使用，也是需要我们仔细斟酌的。合适的音乐可以帮助主播打造独特的个人形象和风格，使观众对直播产生更深的印象。为此，我们需要根据用户的性别、年龄、爱好，以及品牌的调性等因素挑选合适的音乐。需要注意的是，音乐只能作为一种补充，不能掩盖了主播的声音，以免使人听不清主播在说什么。

### 4. 做福利，送红包

直播间里可以隔一段时间就设置一个福利，让消费者对福利充满期待。这种方式一直都是最直接、最有效的热场方式。比如，首次在直播间下单有红包、点关注有优惠券等，既能留住消费者，又能明显提升直播间的热度。

### 5. 讲故事

讲故事，可以使主播给观众留下深刻的印象。讲故事的时候，要说细节。一个引人入胜的故事，需要有细节，有起伏，有感情，这样才能引起观众的共鸣。

**直播间控场示例**

1. 开场白示例

"欢迎大家来到××直播间！我是×××，今天我将为大家带来一场精彩的直播，准备了许多好货，快来一起看看吧！"

"各位小伙伴们好！感谢大家的关注和支持，我是××，今天我将为大家推荐一些热门产品，相信你们会喜欢的！"

2. 产品介绍示例

"大家注意了哈，这是××公司新出的热销款！为什么它能取得这样的成绩？说明它肯定有特别之处，听我给大家介绍一下。"

"我们有很多顾客已经购买了这个产品，并给予了很高的评价。他们说它真的非常好用，性价比超高！"

"前不久，我们有一位朋友用了这款产品，他给出了很高的评价，他说……"

3. 促销示例

"姐妹们，我们的福利发放就要开始了，下面我们就把1号链接里的这件上衣直接放在福袋里，给力不给力？想要的姐妹们抓紧了，等下记得点击福袋。"

"这款商品原价是×××元，现在为了回馈我们的老顾客和老朋友们，今天在直播间只需要×××元，看上这款商品的宝宝们真的不要再犹豫了，错过了就只能去我们实体店铺找我们的导购小姐姐原价购买了，特别超值的一款商品，有需要的宝宝赶紧直接拍下，要不然一会就没有尺码了。"

4. 互动示例

"如果大家对产品有任何疑问,欢迎在评论区留言,我看到以后就会回复大家的。"

"有没有人用过1号产品?来,用过的请在评论区扣1。"

5. 引导关注示例

"新进来的朋友记得点个关注,跟我一起学习化妆技术,主播每天下午7点准时开播。"

"有条件的宝宝可以点左上角加个粉丝团,只要花1个抖币。关注我们的老粉都知道,我们经常给粉丝发福利。"

6. 结束语示例

"感谢大家的观看和支持,希望大家喜欢我们今天介绍的产品。我们下次直播再见了!再见!"

## ▶▶ 把精彩瞬间做成直播切片

**热点案例观察：小杨哥的直播切片**

2023年8月16日，篮球明星詹姆斯·哈登来到了小杨哥的直播间，与小杨哥一起直播带货。只用了短短10秒钟，10000瓶酒就被抢购一空，速度之快令哈登都大吃一惊。随后，小杨哥将自己和哈登的许多互动瞬间剪辑成了短视频，即做成了直播切片，发布在自己的抖音账号中。

经常浏览抖音、快手等短视频App的人，可能会发现这样一种现象：视频里播放着主播的直播片段，还配上了一些音乐、文字等。有时还会看到一些账号在发布带货主播的视频里还挂着相应的产品链接，但是这些账号并不是主播的官方账号，只是获得了官方授权而已。这些都属于直播切片。

作为直播带货行业的头部主播，小杨哥的粉丝流量一向很大，因此很多账号把小杨哥的直播片段做成了短视频，也收获了不少的点赞和销量。据小杨哥旗下的三只羊官方数据披露，仅2022年，就有超过一万个账号获得三只羊网络的授权，围绕小杨哥的直播做出了切片，并且带动了高额的销售数据。

## 直播切片是引流利器

我们在直播的过程中，可能会有一些精彩的瞬间能够给人留下深刻的印象，这部分内容就可以单独剪辑出来，做成短视频，发布在账号里。这就是直播切片。

做电子商务的关键，就是多、快、好、省，用尽可能少的成本，把内容推广出去，使更多的人看到。直播切片，就是这样一种工具。我们可以在直播时，把直播过程录制下来，把原片进行剪辑，主要突出产品解说的环节，把它剪辑成短视频，发布在账号里。

直播切片是吸引流量的利器，商家很有必要学习。虽然都是在抖音、快手等平台上创作的内容，然而直播和短视频是两种完全不同的形式。直播的时间很长，可以达到几个小时，有些明星在做带货直播时，甚至能从早上一直持续到深夜。相比之下，短视频的时间很短，通常只有几十秒。这就是说，短视频的内容更浓缩，而直播的内容更庞杂。因此，短视频和直播的受众不同，推荐机制也不同，属于两个不同的流量池。

考虑到很多用户无法长时间地停留在直播间里，可以使用直播切片，目的就是将直播中的精彩内容提炼出来，使这部分人也能够成为我们的受众，同时增加商品的曝光率。

## 直播切片的四大特性

具体而言，直播切片具有以下四种特性，使它具有可变现、可商业化的潜力。

1. 内容好

正如前文所说，直播切片是把直播中的精彩瞬间单独提取出来，做成几十秒的短视频。因此，这些短视频的内容是浓缩的，它和那些高点击、高赞的短视频一样，本身就是十分优质的内容，是可以留住人、有转化能力并且具有传播性的。

2. 成本低

直播切片的操作并不难，几乎不需要成本，只要你有手机、有电脑、会使用剪辑软件，并且在抖音、快手平台上开通了橱窗权限，就可以发布直播切片。因此直播切片的成本很低，其真正的难点是创意，只要直播很精彩，有话题，够有趣，就可以做成直播切片。

3. 可持续

制作直播切片的难度不高，成本也低，因此可以持续地做。只要直播带货进行得比较顺利，就可以坚持做直播切片，持续为直播间反补流量。直播的收益只存在于直播期间的转化，直播切片则将直播内容进行二次加工，从而可实现全时段带货和转化。

4. 可外发

也可以将直播切片外发出去，让专业的团队来做，或者授权给其他UP主，让他们自由发挥，让海量带货KOC一起创作并发布带货主播的直播切片。作为代价，我们需要向这些人提供授权，同意他们使用直播作为素材，制作短视频切片。同时，还应与他们约定收益分成，使创作者们也从中受益。这种方式对于主播和创作者来说，是良性合作，双方都能从中获益。

### 直播间切片的制作思路

适合做直播切片的素材有很多，并不局限于某一种，只要是能够制造话题，带来流量，从而提升主播和产品曝光度的，就可以用作素材，制作直播切片。在实际操作时，可以遵循以下五条思路。

1. 开门见山

短视频必须尽量简短、直接，因此我们可以把直播中的高光时刻放在开头，比如"昨晚在直播间，××主播……"，先吸引用户的目光，使用户产生好奇心，再详细介绍其中的过程和细节。

2. 搭配文字和引导讲解

把直播的过程配上字幕，偶尔加入引导性的画外音讲解，使用户更容易理解。还可以配上背景音乐，以及特效音乐，使直播切片的观赏性更佳。

3. 提取产品的卖点

如果要挂上购买链接，就应该把产品的卖点也剪辑进去，如产品的折扣、功能、创新性等，从而使直播切片成为一个完整的带货视频。

4. 体现主播的情绪

当主播出现情绪波动时，如感动、后悔、高兴等，也适合成为切片素材，可以使用户产生好奇心，想知道主播究竟遇到了什么事，才会出现这种情绪。

### 5. 加入互动环节

主播和他人的互动环节，也可以剪辑进直播切片中，因为这个环节向来都很吸引用户，尤其是头部主播之间的互动。此外，主播和用户之间的互动，以及用户的反馈，也可以成为直播切片的素材。

# 第8章
# 用数据看清流量增长迷局

　　流量增长已成为品牌成功的关键指标之一。然而,随着市场竞争的加剧和消费者行为的多样化,流量增长的路径变得愈发复杂和难以捉摸。因此,我们需要借助数据的力量,用数据看清流量增长的本质和规律。

　　在本章中,我们将探讨如何通过数据分析来指导流量增长策略的制定和执行,有效解决内容创作瓶颈、用户流失率高、转化率不高等问题,以帮助短视频运营者更好地应对挑战,实现持续、稳定的流量增长。

## ▶▶ 通过数据让流量可视化

**热点案例观察：抖音热门视频排行榜** ✕

　　图8-1展示的是2024年1月19日的抖音热门视频，数据来源于抖音创作者中心，从图中我们可以看到热度、点赞量、播放量、评论量等数据。比如，排行第一的是"极目新闻"的一条视频，讲述的是某女子遇到电信诈骗的经历，由于轻信他人，下载App帮忙完成任务，结果凌晨时被盗走两万余元。这条视频发布以后，在短短24小时内，就迅速引起了人们的关注。

图8-1　2024年1月19日的抖音热门视频

电信诈骗是全民关注的对象，也是有关部门重点打击的对象，因此在网络上的关注度很高。当电信诈骗的案例出现时，人们会积极地参与讨论，并且迅速转发给自己的亲朋好友，以免上当受骗。这条视频的数据，也从侧面印证了这一点。

在这条视频的评论区中，很多用户也表达了自己的担忧，比如："所以不能随便帮人下载来源不明的App。""我也遇见过，拉个群，说是做任务，先让你关注抖音号，再让你下载App。"

当一条视频关乎人们的切身利益时，它就能引起人们的共鸣，成为一条爆款视频。而要想判断视频的含金量，就可以从数据着手。在抖音、快手、B站等平台，短视频数据分析已经成为创作者和平台运营者的重要工具。通过数据分析，我们可以了解账号的各条短视频的数据情况，评估其营销效果，从而优化营销策略，提高流量和用户留存率。

### 常用的七大数据指标

在分析数据时，人们通常从以下七个方面对短视频进行分析。

#### 1. 播放量

一条短视频是否能够吸引足够多的观众，从它的观看数就可以看出来，播放量也是衡量短视频影响力的一个重要指标。如果你的视频播放量很高，则说明视频的内容和大多数人的利益相关，此类视频也是最容易成为热门的。

### 2. 点赞量

点赞量反映了观众是否认可你的视频内容，点赞量越多，说明认可你的人数越多。当一条视频获得了百万点赞量时，无论是在哪个平台，都是十分稀有的。当视频的点赞量变多时，平台也会认为你的视频质量较高，会把视频推送给更多的用户。因此，点赞量和播放量的提升，是一个正循环。

### 3. 转发量

当用户认同你的视频内容时，除了点赞以外，他们还有可能把视频转发给自己的亲朋好友，从而让更多的人看到视频。转发量越多，说明它的影响范围越大，然后点击率也会变高。

### 4. 评论量

当你的短视频内容获得了观众的共鸣时，用户会留下自己的观点，并且在评论区进行互动。这不仅能够为你提供用户的观点和意见，也能为你与用户之间建立良好的互动关系。通过积极回复用户的评论，你可以建立一个忠实的粉丝群体，增加用户黏性和忠诚度。

### 5. 完播率

完播率是指能够完整看完视频的人数比例。完播率越高，说明你的视频质量越高，观众对你的视频认可度越高。比如，一个视频的完播率为70%，表示有70%的用户观看了视频的全部内容，而30%的用户在视频的某个时刻关闭了视频。

### 6. 粉丝数

粉丝，尤其是核心粉丝，对于短视频账号有着极为重要的意义，它几乎是账号赖以生存的根本。积累的粉丝数量越多，就越容易进行营销活动。

7. 转化率

转化率反映了短视频营销的效果。当一条视频发布之后，有多少位用户通过购买链接下单购买，这些数据是可以从后台直接看到的。视频发布以后，用户也可能从其他平台购买商品，而不是从购买链接下单，这就需要我们对其他渠道的数据进行对比，大致估算一下转化率是多少。

## 流量来源——平台的流量池

虽然很多短视频App用户都听过一个词——流量池，但很多人不太明白这个词究竟是什么意思。从字面上来看，这个概念很容易理解，流量池就是抖音、快手等App的用户总量。平台认为你的视频质量高，就会把你的视频推送给更多的用户，为你分配更多的流量。但是，在实际操作过程中，这是非常复杂的。

以抖音、快手为代表的平台，通常会把流量池划分成几个等级。以抖音为例，它会把流量池分成8个等级（见表8-1），每个等级的流量从少到多进行分配。短视频发布以后，抖音会给视频打上标签，然后推荐给具有相同标签的用户，或者是你的粉丝、朋友等，这就是你的初始流量池。

表8-1 抖音流量池(数据仅供参考)

| 等级 | 名称 | 流量 |
| --- | --- | --- |
| 1 | 初始流量池 | 200~500 |
| 2 | 千人流量池 | 1000~5000 |
| 3 | 万人流量池 | 1万~2万 |
| 4 | 初级流量池 | 10万~15万 |
| 5 | 中级流量池 | 30万~70万 |
| 6 | 高级流量池 | 100万~300万 |
| 7 | 热门流量池 | 500万~1200万 |
| 8 | 全网推荐 | 3000万+ |

这种推送机制,就像足球比赛,一支球队要想参加世界杯,首先要经历预选赛、小组赛、淘汰赛等,只有成绩够优秀,才有资格进入世界杯,在全世界观众面前表现自己的能力。

抖音也是一样,如果点赞、评论、完播率等数据比较好,则抖音才会给下一个等级的用户进行推送。最终,经过一轮轮的推送,你的视频才会进入热门流量池,并且向全网用户推荐,于是你才有机会获得千万点赞。

## ▶▶ 获取流量的根本是视频质量

> **热点案例观察：美食博主王刚的硬核教学** ✕
>
> "哈喽，大家好，我是王刚，本期视频我跟大家分享一道家常菜……"美食博主王刚在视频开头，总是会加上这样一句话，随后短视频用户便会看到，他是如何把一道道美味、可口的饭菜制作出来的。王刚的这种教学方式很受欢迎。以2023年11月21日的视频为例，他收获了142万次观看，评论数达到4585条，是当之无愧的美食头部博主。

喜欢浏览美食视频的人，或许对美食博主王刚并不陌生，从一个普通餐馆的厨师长，变成了拥有千万粉丝的大V。和大多数人一样，王刚起初对视频拍摄也不太懂，他只是试着把自己做菜的视频上传到网络上，镜头前的他显得比较拘谨。然而，正是由于他扎实的基础功力，把简单、实用的做菜技巧完整地讲述了出来，让短视频用户观看之后也能做出美味、可口的饭菜。王刚用他的专业水平赢得了大家的认可。

用粉丝的话来说："这不是教人做菜，而是教人开店。"

王刚在视频里不会刻意营造小清新的风格，他不懂得如何美化滤镜，使用矫揉造作的运镜和布景。铁勺、旺火、大锅灶、操作台、干净利落的动作、简单直白的解说，他只把真实的厨房展现给观众。他也不用专业美食的名号给自己增添神秘感，而是毫不避讳地承认自己的水平有限。遇到大家对"宽油"（大量的油）有疑问时，他在视频里说："宽油从此不是一种劝退，而是一种爱。"他用幽默、风趣的语言，再次博得了大家的认可。

### 影响自然流量的五大因素

随着短视频的风靡，很多企业都想在这个新的领域开辟市场，但是投入了资金和时间成本以后，想获得流量却并不容易。很多人的视频播放量都是维持在一个较低的范围内，一直没有突破，不温不火，使运营者很着急。其实，这是普遍现象，影响流量的因素主要包含以下五点。

1. 垂直度

短视频运营者要想持续获得流量，首先得有垂直度。账号垂直度是指账号在抖音平台上涉及的特定领域或主题的程度。一个具有良好垂直度的抖音账号，通常会在一个特定的领域或主题上深耕，用自己的专业性、权威性赢得观众的认可，从而获得更多的曝光和流量。

2. 活跃度

在如今这个短视频博主盛行的时代，要想不被用户忘记，就必须坚持更新，保持账号的活跃度。虽然对于视频发布的频率及数量，不同的平台要求并不相同，但是其总的原则是一致的，那就是希望账号能够保持活力，持续更新内容。同时，相应的店铺也应该保持活跃度，如果长时间不进行产品更新，如设置秒杀品、爆款、新款，更新活动玩法、营销策略，就会出现流量下降的情况。

### 3. 原创度

原创度越高，就越容易受到平台的支持。因为原创度高则表明是作者自己创作的，而非摘抄、剪辑他人的内容，这样的短视频有更高的辨识度，对观众的吸引力更强。通常，活跃度代表了"量"，而原创度代表了"质"。目前，各个平台对原创的保护力度越来越大，短视频运营者除了要持续更新以外，还要尽可能地输出原创内容。

### 4. 互动度

互动度包括点赞、评论和转发等，这些数据直接反映了视频的受欢迎程度。平台会根据视频的互动度，对视频进行评定，最终决定流量的分配。关于这一点，前文已经讲过，这里不再赘述。

### 5. 违规度

有时，视频里出现的内容，如直播间存在疑似诈骗、广告、极限词、诱导、色情等，都会被平台判定为违规，这些会直接影响账号的流量。严重时，还会被平台封禁账号、关闭购物车等。

## 四个角度提升视频流量

前面提到的影响流量的因素中,持续更新内容、与观众进行互动、避免违规等,都是大家很容易理解的,现在将从内容制作方面重点讲述如何提升视频的质量,毕竟视频的质量才是吸引流量的根本。

1. 视频选题

要想制作短视频,首先要做的是选题。可以说,若选题规划得不好,你就无法持续做出优质视频。选题可以从产品展示、知识科普、幽默段子等角度去做,如果没有经验,你就可以找几个同行的爆款短视频账号,对他们的内容进行分析,学习他们的选题方向。

2. 视频标签

一段视频拍摄完成,上传到平台以后,平台会自动给视频贴上一个或几个标签,如××游戏、××行业、××粉丝等标签。平台会根据这些标签,将视频推送给相应的用户。因此,标签对于流量的影响非常大。我们可以在昵称、个人简介、主页背景图中,设置企业、行业、产品等关键词,使系统更容易识别我们的标签。在制作短视频作品时,也可以在内容中加入相关的关键词。

3. 封面设置

短视频的封面会给观众留下第一印象,因此运营者也要认真地制作封面。封面要突出作品的主题和特色,如突出产品和主播,在封面中添加标题等。封面还要保持一致性,即有一个固定的设计样式、版式、色调字体等保持一致,这样看着会更加专业。

### 4. 热门元素

在短视频平台上,每天都会有一些热门的元素,如热门话题、热门音乐、热门活动等,这些元素本身就吸引了很多流量,在制作短视频时,也可以使用这些元素,蹭热门元素的流量。

## ▶▶ 根据粉丝画像实现精准定位

> **热点案例观察：学而思用真诚打动用户**
>
> 　　2023年12月16日，学而思优品发布了一条短视频。这条视频没有介绍产品，而是由主播橙橙讲述了自己曾经的工作经历：她之前也做过外场直播，出外场的时候，由于工作环境的因素，她不小心吃了好几条虫子，天生害怕虫子的她，只喷了点儿花露水又继续直播。后来外场直播团队从70人调整为10人，又调整为6人，她申请到一个地下室里继续直播。由于经费有限，没有高度合适的桌子，于是她脱掉鞋子，一直光着脚直播。在视频的结尾，她感谢了大家的支持，在屏幕前鞠躬致意，表示学而思团队将坚持探索下去，坚信一定会成功。这条视频播出以后，主播的真诚很快获得了用户的认可和共鸣。

　　学而思是一家教育培训机构，后来也开始直播带货，并且让学而思的老师担任带货主播。东方甄选的爆火和出圈，让人们看到了"知识型主播"的潜力，数据表明，很多消费者已经认可了这种模式。因此，学而思也选择了"知识型主播"的路线，让直播充满了浓厚的文艺气息。在学而思的直播间里，主播们除了带货以外，有时还会在草坪上、书架前，一边讲解知识，一边弹着吉他唱着歌，给直播间打造出了不一样的氛围。

真诚是打造优质视频的要素。学而思的主播们深刻地理解这个道理，因此，在面对用户的疑问时，选择用真诚的态度去面对，展现出积极向上的一面。学而思把主播橙橙的工作经历剪辑成视频，赢得了诸多用户的认可。正如某家媒体的评价："橙橙的'火'代表了一种新的情感输出模式，不疾不徐，无害无邪。"

## 大数据构建用户画像

构建用户画像的核心工作即是给用户贴标签，而标签是通过对用户信息分析而来的高度精练的特征标识，如性别、年龄、地域、职业、学历、兴趣和使用终端等。

举例来说，如果你经常在抖音、快手上浏览儿童玩具相关的视频，并且购买过一些儿童玩具，那么平台就会给你贴上类似于"有孩子""家长"等标签，甚至还可以判断出你孩子大概的年龄，贴上"有3~6岁的孩子"这样更为具体的标签，而这些所有的标签综合在一起就形成了你的用户画像——一位有3~6岁孩子的家长，且经常买玩具。得出这样的结论后，平台就会向你推送更多相关的视频和商品。

在了解用户画像的基本内容之后，我们便可以借助数据建立用户画像。首先，我们要认识一下用户数据的分类。一般来说，用户数据分为静态信息数据与动态信息数据两大类。静态信息数据是比较容易掌握的，如用户的性别、年龄、地域、职业、婚姻状况、是否有小孩，以及消费周期等。而动态信息数据，比如用户的浏览、搜索、点赞与评论等行为，因为在不断变化，所以比较难掌握。因此，对于动态数据，企业应该进行长期追踪和搜集，然后从用户的变化中总结出规律，从而得出较为精准的用户画像。

如今的社交App，大多能够查看账号的粉丝构成。以抖音为例，它为创作者提供了"粉丝画像"功能（见图8-2）。进入"创作者中心"以后，点击"账号数据"，再点击右上角的"粉丝数据"，就可以看到"粉丝画像"的选项了。在此页面，我们可以看到粉丝的基本信息，如性别、年龄、城市、活跃度分布等详细数据。

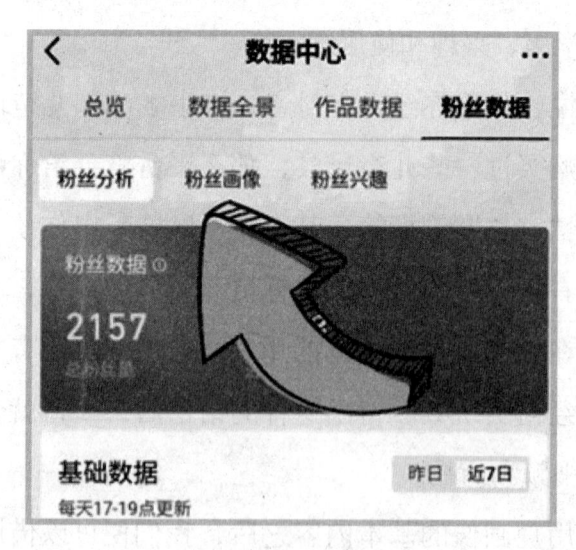

图8-2 抖音的"粉丝画像"功能

## 用户画像与企业账号定位

有人说，账号的定位和用户画像是一对孪生兄弟。企业要从事短视频营销，关键的一步就是通过数据建立用户画像，看看自己的商品定位和粉丝的用户画像是否一致。如果二者不一致，就很难取得良好的收益。

举例来说，如果我们的账号定位是"专业经营母婴产品的世界500强企业"，但是我们的粉丝以男性为主，则表明这显然是有问题的。

此时，我们能做的只有两个，第一是改变企业定位，根据粉丝的喜好，向他们提供产品。假如你是一名主播，自己不做产品，只是帮别人带货，那么这种方法是非常合适的。

第二是企业已经有了大量的产品，急需通过短视频、直播进行带货，就只能坚持自己的账号定位。在制作短视频、直播、文案的时候，都需要围绕定位去做，这样才能吸引目标客户。假设你的产品是美妆，那么分享的视频与图文笔记也应该和美妆相关。

假如企业的产品种类有很多，那么不妨多做几个账号，一个账号只做一个领域，品类不宜过于庞杂。这样做不仅可以降低用户选品的难度，还能保证用户在观看直播的时候更容易挑中称心如意的产品。这样的精准匹配度，能够有效地提升直播营销的效果和转化率，使企业的直播推广更具有吸引力和有效性。

## ▶▶ 平台投流，获取精准流量

> **热点案例观察：各大平台的广告收入**
>
> 2023年10月，全球营销商业媒体平台Morketing对我国的部分互联网公司进行了盘点，分析了这些公司的总营收和广告营收情况，发现多数公司都在第二季度取得了广告收入的增长，表8-2展示了部分公司的广告营业收入及占比。
>
> 表8-2 国内互联网公司2023年第二季度广告营业收入及占比
>
> | 公司名 | 总营业收入（亿元） | 广告营业收入（亿元） | 广告营业收入占比 |
> | --- | --- | --- | --- |
> | 阿里巴巴 | 2341.56 | 796.6 | 34.0% |
> | 京东 | 2879 | 225.09 | 7.8% |
> | 拼多多 | 522.81 | 379.33 | 72.6% |
> | 快手 | 277.4 | 143.47 | 51.7% |
> | 哔哩哔哩 | 53 | 16 | 30.2% |
> | 汽车之家 | 18.3 | 5.32 | 29.1% |
> | 微博 | 31.4 | 27.55 | 87.7% |

在很多人看来，消费者使用App是完全免费的，刷到的视频、直播间都是偶然的。然而，世界上没有免费的午餐，流量也是如此。从早期的淘宝、天猫、京东、拼多多等传统电商网站，到如今的抖音、快手、小红书、视频号等社交电商平台，很多商家付费购买流量，以便获取更多的潜在用户，都是他们不得不考虑的事情。这些平台就像一个购物中心，流量费用就像过去的商业地产佣金。企业购买流量的收入，正是平台广告营业收入的一部分来源。

我们平时在推荐页看到的直播间，就有可能是商家向平台付费购买了流量之后，平台推送到我们的手机或电脑上的。这就是说，互联网企业赖以生存的根本是数据流量，而流量投放则是商家实现广告收益的一种方法。

### 流量投放是企业营销的助推器

作为普通用户，我们在平台上发布视频以后，平台会免费帮我们曝光出去。在这个过程中，我们作为用户并没有花钱，但是平台是付出了成本的，因为平台要想维持运营，就必须在办公场地、员工、设备等方面花费巨额资金。所以，平台的流量并不是免费的，只是有人替我们支付了成本而已。

因此，流量投放就是向平台付费买流量。

企业要想在平台上经营账号、店铺，赚取利润，就需要在平台上买流量、打广告，而平台有流量、想变现，于是双方一拍即合。因此，流量投放就是企业在平台上打广告、引流，这也是平台希望看到的。

在创建短视频账号以后，起初我们或许能够凭借自己的运营，获取不错的流量，但是想要获取稳定的免费流量，是一件十分困难的事情。若企业不想给平台付费买流量，就意味着你要在其他方面付出成本，包括人设的维持、优质短视频的更新，以及各种活动等，这样才能使消费者愿意持续关注你。因此，很多企业度过了新手红利期之后，几乎都要结合付费进行流量投放，才能让账号维持下去。

从平台的角度来说，平台也更愿意把流量向付费的企业倾斜。试想一下，一个企业能够持续给平台带来利润，另一个企业却始终不付费，那么平台会把大量的流量给哪个企业？答案是显而易见的。

**两种主要流量投放种类**

目前，市面上的短视频平台，大多都有自己的流量投放渠道，如抖音的巨量千川、DOU+、小店随心推，快手的磁力引擎，小红书的聚光平台，微信的视频号广告助手，微博的粉丝头条等。尽管它们的具体细则有所不同，投放方式也不一样，但是从投流的目的来看，主要可以分为三类：内容加热、商业广告。

1. 内容加热

常见的有DOU+、粉丝头条等，此类投流的目的，是为短视频内容提供流量，让更多的用户能够看到视频。除了企业以外，普通用户也可以购买。此类视频通常没有广告字样，和普通的短视频区别较小，因此更适合软文推广、"种草"。

### 2. 商业广告

企业拍摄了广告视频之后，也可以购买流量，向更多的用户推广。由于大多数用户对广告是有排斥心理的，所以商业广告能够获取的流量较少，因而日常推广就更加依赖流量投放，对应的流量费用也会更高。同时，由于商业广告的目的较为明显，愿意观看此类视频的用户，更有可能成为目标用户。

## 流量的三种投放策略

针对企业的不同需求，平台也对流量投放进行了分类，企业可以根据自己的需要，选择合适的流量投放策略。以抖音为例，企业在购买DOU+时，可以采用三种策略：系统智能投放、自定义定向投放、达人相似粉丝投放。

### 1. 系统智能投放

如果你的粉丝数量太少，急需增加粉丝，那么可以选择系统智能投放+粉丝增长，效果会比较好。系统智能投放能帮助你实现大幅度的涨粉，但是不适合账号变现。

如果你的粉丝数量不少，但是播放量太低，那么可以选择系统智能投放+视频互动量。平台会把视频推送给那些喜欢点赞、评论、转发的用户。但是，这种方式未必能够带来多少新粉丝。

### 2. 自定义定向投放

如果你的当务之急是带货，那么自定义定向投放是更好的选择（见图8-3）。比如，企业的主营产品是口红，在投流的时候就可以锁定关键词，如一、二线城市、年轻女性、时尚等，这部分人群更有可能成为你的客户。

### 3. 达人相似粉丝投放

和系统智能投放相比，达人相似粉丝投放的定位更精准，因为平台会把你的账号推送给相似领域的达人粉丝。特别是在同一领域内，粉丝互通的账号。比如，你的主营产品是口红，选择达人相似粉丝投放以后，平台会把其他卖口红的博主的粉丝，引流到你的账号上。

需要注意的是，虽然付费流量投放能够在短时间内迅速提升流量，但是企业不能完全依靠流量投放。流量投放只是一种工具，它的作用是有限的，它只能把用户引流给你，用户究竟是否买单，关键还是要看产品的竞争力，以及企业的持续运营能力。

图8-3　DOU+投放的页面

## ▶▶ 用ROI优化流量付费

> **热点案例观察：茶饮商家的投资回报率（ROI）策略**
>
> 某个茶饮行业的小型企业，在抖音创建了店铺。起初管理层并未付费购买流量，只是按部就班地拍摄视频、上架链接、发布活动预告等，数据也迟迟没有起色。后来，该企业决定加大线上营销的投入比例，他们将团队逐渐拓展到20多人，其中就包括一个专业的线上运营人员。在该员工的建议下，该企业开始使用巨量千川进行流量投放，并且通过短视频带货。该企业的策略是，通过数据的变化，及时调整流量投放方向。如果转化少，但ROI数据高，就调低目标ROI；如果转化效果比较好，就继续增加投入，将这套模式复制下来，转移到其他产品上。在实际操作中，该企业选择了"推商品+通投广告"的方式，优化目标选择的是"商品购买"，投放方式选择了"控成本投放"。在一个月的时间内，商家用5万元的流量投放，撬动了20万元的GMV（商品交易总额）。

ROI（Return on Investment），即投资回报率，是从一项投资活动中得到的经济回报，通俗来说，就是收益和成本的比值。在营销领域，ROI一般默认为广告的投入产出比。

在直播带货领域，ROI的计算公式如下：

$$ROI=带货GMV/投流费用$$

比如，投入100元流量费用，最后营业额为200，那么ROI就是2∶1，通常我们会说，ROI是2。

### 为什么要使用ROI

流量投放本质上是一种商业行为，因此在实际操作中必须考虑利润。很多品牌做不好短视频的其中一个原因，就是搞不懂ROI，算不好账，最后走了很多弯路，交了很多学费，等他们真正学会了以后，才发现自己已经错过了宝贵的进场时间。ROI可以帮助企业评估流量投放的回报情况，并制定更加明智的决策。

以抖音为例，抖音ROI的范围通常在1∶1至3∶1。也就是说，如果你在抖音投放了100元的广告，你可以获得100元到300元的销售或转化回报。

需要注意的是，平台在计算ROI的时候，并不是按照利润来算的，而是按照销售额来算的，因为平台并不知道每家企业的具体利润是多少。然而商家在流量投放的时候，必须考虑利润，不要完全以平台提供的ROI为准。事实上，很多行业的成本很高，包括退货率、房屋租金、水电费和人员工资等，这些都是实际支付的成本，在设置ROI的时候，要求就更高一些。

比如，一款产品的利润率是20%，也就是说，营业额若为100元时，最终的利润是20元。该企业花了100元进行流量投放，获得了200元的营收额，算下来利润只有40元，还不够支付流量投放的费用，明显是亏损的。

### ROI投放的调整

学会使用ROI的目的，是让企业花更少的钱，得到更多的转化，有效地控制成本。但ROI只是一个数据，ROI高固然能为企业带来更多的销售额，ROI低也不是毫无意义的。

流量投放的本质是争夺用户，很多时候企业投流是战略亏损，或者为了扩大影响力，那么此时的ROI可能会比较低，明知亏损仍然会投入。

在刚开始进行流量投放时，企业或许会发现其效果很不稳定，有时ROI很高，只需少许费用，就能带来巨额的营业额增长。但是这种情况未必能够持续下去。过了一段时间以后，热度逐渐降低，即便用之前数倍的费用购买流量，也未必能够达到之前的销售额。因此在账号创立初期，需要注意控制成本，用少许费用进行流量投放，然后多做几次测试，试着逐渐降低流量投放的成本，以此来增加利润。等到ROI稳定以后，再适时增加预算。

ROI也不是固定不变的，因为ROI也要遵循竞价逻辑规律。平台在创建初期，一方面平台想要吸引商家和用户，流量费用较低；另一方面进行流量投放的商家也比较少，更多的是靠自然流量，这时流量投放的效果就比较好，ROI自然比较高。随着平台的发展壮大，同类商家越来越多，大家开始进入拼流量投放的阶段，ROI就会逐渐降低，商家只能想办法从其他地方降低成本，但利润率却逐渐下降。

因此，企业不要过于依赖流量投放，要将目光放在产品和品牌上，只有产品本身有优势，建立良好的品牌形象，才能在市场竞争中立于不败之地。